Historia breve de
Andalucía

Rafael Sánchez Mantero

| Serie Historia |

Historia breve de
Andalucía

Rafael Sánchez Mantero

SÁNCHEZ MANTERO, Rafael
Historia breve de Andalucía / Rafael Sánchez Mantero. – Madrid : Sílex, 2001. – 176 p. : il. ; 24 cm. – (Historia)
Bibliografía: p. 173
D.L. M-21575-2001. – ISBN 84-7737-096-6
1. Andalucía-Historia. I. Título. II. Serie.
946.035

Fotografía de cubierta: Patio de los Leones.
Palacio de la Alhambra. Granada
Turespaña

©Rafael Sánchez Mantero, 2001

©Sílex® ediciones S.L., 2001
c/ Alcalá, nº 202. 28028 Madrid
www.silexediciones.com
e.mail: silex@infornet.es

I.S.B.N.: 84-7737-096-6
Depósito Legal: M-21575-2001
Coordinación editorial: Ángela Gutiérrez y Ramiro Domínguez
Diseño cubierta: Ramiro Domínguez
Fotomecánica: Preyfot S.L.
Impreso en España por: Gráficas Andemi S.L.
(Printed in Spain)

Está prohibida la reproducción o almacenamiento total o parcial del libro por cualquier medio: fotográfico, fotocopia, mecánico, reprografico, óptico, magnético o electrónico sin la autorización expresa y por escrito del propietario del copyright ley de la Propiedad Intelectual (22/1987)

Contenido

Introducción ... 11

Andalucía en el espacio y en el tiempo ... 13
El territorio andaluz ... 13
¿Existe la Historia de Andalucía? ... 15
Los estudios sobre el pasado andaluz ... 16

Las primeras civilizaciones ... 21
Los primeros signos de presencia humana ... 21
La Edad de los Metales ... 23
Tartesos, entre la historia y la leyenda ... 26
Las colonias de los fenicios ... 29
La presencia griega en Andalucía ... 30
Los pueblos iberos ... 32
Los cartagineses ... 34

La Andalucía romana y visigoda ... 37
Los primeros romanos en Andalucía ... 37
La organización política y administrativa de la Bética ... 39
La Bética en el Imperio ... 41
La economía de la Bética ... 42
La romanización cultural de Andalucía ... 45
El Bajo Imperio y los visigodos ... 47

La Andalucía musulmana ... 51
La conquista de al-Andalus ... 52
El Emirato de Córdoba ... 54
El Califato independiente ... 56
Las realizaciones califales en al-Andalus ... 59
Los reinos taifas ... 62
Los almorávides y los almohades ... 64
El reino nazarí de Granada ... 67

La Andalucía de la Reconquista ...71
Fernando III y Alfonso X ...71
La repoblaciones ...74
Andalucía, tierra de frontera ...76
Los nuevos andaluces ...78
Los Trastámara ...80
Los Reyes Católicos y la conquista del reino de Granada ...83

Andalucía en la época de los Austrias ...87
Andalucía y América ...87
La población andaluza ...89
Las tierras ...91
Actividades económicas de los andaluces ...93
Los nobles ...95
Eclesiásticos y pecheros ...96
Los marginados ...98
Política, administración e instituciones ...101
Los acontecimientos ...103
Las letras y las artes ...105

La Andalucía de la Ilustración ...109
La Guerra de Sucesión en Andalucía ...109
Las reformas administrativas ...112
La demografía y las Nuevas Poblaciones ...116
La sociedad andaluza de la Ilustración ...119
Economía e Ilustración en Andalucía ...122
La Cultura de la Ilustración ...124

El triunfo del liberalismo en Andalucía ...127
La Guerra de la Independencia en Andalucía ...127
Las Cortes de Cádiz ...130
El liberalismo y el problema de la tierra en Andalucía ...133
Los ensayos de industrialización ...135
La Andalucía romántica ...138
La Revolución y la Restauración ...140

Andalucía en el siglo XX 145
La crisis de la Restauración 145
El desarrollo del Andalucismo 147
La Dictadura de Primo de Rivera 150
Andalucía y la Segunda República 153
Las dos Andalucías de la Guerra Civil 158
El régimen de Franco 160
La cultura andaluza en el siglo XX 165
La Transición en Andalucía 167

Bibliografía escogida 173

Introducción

La Historia de Andalucía, teniendo su propia peculiaridad como la tiene, no deja de ser una parte de la Historia de España, a la que ha estado ligada permanentemente. Lo cual no quiere decir que pueda ser perfectamente admisible la delimitación de esa porción de España y de esa personalidad colectiva llamada Andalucía para el estudio de su trayectoria histórica de forma separada. Actualmente se desarrolla un debate en determinados círculos, no sólo intelectuales sino también políticos, sobre la procedencia, o no, de abordar el estudio de la Historia de España desde la óptica de la diversidad regional, en contraste con lo que ha sido más habitual hasta ahora de enfocarla desde una uniformidad centralista.

Andalucía es una región de la Península Ibérica cuyos límites geográficos y administrativos no han estado perfectamente definidos hasta hace poco tiempo. Pero Andalucía es algo más que un espacio en el mapa del mundo, delimitado por unas fronteras, en el que han sucedido cosas: es también la suma de una cultura, de una forma de ser, de una sensibilidad, que han ido gestándose y desarrollándose en el transcurso de los siglos hasta dar lugar a una identidad fácilmente reconocible desde dentro y desde fuera. El análisis de ese proceso en todas sus dimensiones, político, social, económico y cultural, así como su imbricación en otro fenómeno más amplio como es el de la construcción nacional, constituyen la Historia de Andalucía.

Encerrar toda la Historia de Andalucía en un libro de limitadas dimensiones no es tarea fácil. El origen y la formación de un pueblo como el andaluz, cuyo nacimiento puede situarse en la más remota antigüedad y cuya evolución y desarrollo se ha realizado con las sucesivas aportaciones de hombres y mujeres de orígenes muy diversos, requeriría un número de páginas mucho mayor. Sin embargo, no se trata aquí de ofrecer un estudio detallado y exhaustivo del pasado andaluz, sino de trazar solamente las líneas fundamentales de su devenir histórico para que el lector no excesivamente familiarizado con la investigación histórica especializada, pueda conocer en un lenguaje asequible, aunque no por ello menos riguroso, cómo fue su historia a través de los tiempos. En ese sentido, se ha realizado un esfuerzo por incorporar al texto la gran cantidad de aportaciones que se han realizado en los últimos años al conocimiento del pasado de sus pueblos, ciudades y comarcas en las diversas etapas históricas, sin recargar por ello estas páginas de citas eruditas ni de referencias academicistas.

El resultado de esta labor de síntesis se presenta a los lectores de este libro para que puedan llegar a conocer los trazos esenciales de la Historia de Andalucía y para ayudarles a entender mejor la realidad de esta región, cuyo pasado es, sin duda, de una densidad y de una riqueza, verdaderamente singulares.

Andalucía en el espacio y en el tiempo

El territorio andaluz

Andalucía es una región de la Península Ibérica que tiene una superficie de 87.300 kilómetros cuadrados, lo que representa un 17,3% de todo el territorio español. Su población alcanza la cifra de siete millones de habitantes, lo cual supone el 17,5% del conjunto de toda la de España. Su situación periférica en la parte meridional de la Península le permite disfrutar de 800 kilómetros de costa, de las que una parte da a la vertiente atlántica y otra a la vertiente mediterránea.

Las fronteras de Andalucía no estuvieron perfectamente delimitadas hasta que en 1833 se llevó a cabo la división provincial de España por parte de Javier de Burgos, ministro de Fomento durante la minoridad de Isabel II. A partir de entonces, la región pasó a estar compuesta por ocho provincias: Cádiz, Huelva, Sevilla Córdoba, Jaén, Granada, Málaga y Almería. Sin embargo, como región, Andalucía no adquirió personalidad institucional hasta tiempos muy recientes. A partir de la transición a la Monarquía Democrática, la Constitución de 1978 en su título VIII, configuraba el mapa de España en comunidades autónomas y nacionalidades y abría el camino para que las ocho provincias andaluzas alcanzasen la categoría de Comunidad Autónoma, situación que se consiguió tras el referendum celebrado el 28 de febrero de 1980, que fue refrendado por el Congreso de los Diputados el 20 de octubre de 1981.

Así pues, el nacimiento de Andalucía como entidad política con instituciones reconocidas es muy reciente. No obstante, su existencia como región con personalidad propia y con una señas de identidad que le otorgan unas características perfectamente diferenciadas de las otras partes de España, es mucho más antigua. Por de pronto, sus rasgos físicos presentan unas peculiaridades claramente definidas. Separada del resto de la Península por Sierra Morena, cuyo borde meridional forma parte de la región, se halla atravesada diagonalmente por el valle del Guadalquivir.

Al sur de éste, se alinean las cordilleras Béticas que partiendo del sur de Cádiz se extienden hacia el Este hasta ocupar prácticamente toda la Andalucía Oriental. Esta disposición de la geografía de la región ha dado origen a dos unidades andaluzas: por una parte la Baja Andalucía que mira al Atlántico y se sitúa en torno a la depresión del Guadalquivir, con zonas abiertas de llanuras y de marismas; por otra, la Alta Andalucía, que mira al Mediterráneo y es más montañosa por lo que presenta unos espacios más compartimentados para la ocupación humana.

Desde la más remota antigüedad, Andalucía ha presentado unos especiales atractivos para el asentamiento de distintos pueblos. Su clima es Mediterráneo, con veranos muy cálidos e inviernos suaves. Sin embargo, su posición en el extremo SO del continente europeo, la convierten en lugar de entrada de las borrascas atlánticas, lo cual contribuye a que en su suelo puedan darse los índices de pluviosidad más altos de la Península, como es el caso de Grazalema. Esta circunstancia contrasta con el hecho de que en su parte oriental se encuentren las zonas más áridas de toda España. Por otra parte, la considerable altitud de algunas de sus montañas, como Sierra Nevada en Granada, le permiten contar con una estación de esquí, que no se halla a muchos kilómetros de balnearios en la costa mediterránea en los que es posible gozar de una temperatura bastante tibia durante todo el año. Estos contrastes no impiden que, en su conjunto, el clima de Andalucía presente unas características muy benignas para la vida humana y haya sido durante toda su historia uno de los elementos que más han contribuido a convertirla en foco de atracción para gentes procedentes de otras latitudes.

Junto al clima, y estrechamente ligada a él, la feracidad de parte de su suelo ha hecho de Andalucía una de las regiones más ricas de la Península. Especialmente importantes en este sentido son las tierras de secano del valle del Guadalquivir y los regadíos de la zonas montañosas de la vega granadina. Ya desde los tiempos más antiguos, los clásicos se hacían eco de la frondosidad de su vegetación y de la abundancia de sus cosechas. Al mismo tiempo, la existencia de variados metales en su subsuelo, proporcionaron a Andalucía el aliciente necesario para la llegada de elementos que buscaban en sus minas la forma de enriquecerse.

¿Existe la Historia de Andalucía?

¿Existe la Historia de Andalucía? ¿Puede hablarse con propiedad de la Historia de Andalucía, o se trata solamente de una construcción artificial con el propósito de que esta región no quede descolgada de una corriente que actualmente reivindica la mayor importancia de la Historia de las diversas comunidades autónomas y nacionalidades históricas sobre la Historia de España?

Actualmente se ha abierto un amplio debate sobre qué tipo de Historia debemos hacer los historiadores. Ese debate se ha iniciado más bien por razones de tipo político que por cuestiones de tipo científico. Hacía mucho tiempo que la prensa y otros medios de comunicación no dedicaban tanta atención a las reflexiones en torno a la Historia, a su significado, a su importancia para la formación de ciudadanos y a su papel en la forja de la identidad de cada pueblo. Políticos, filósofos, ensayistas y, por supuesto, no pocos historiadores, han expresado su opinión sobre cómo debe entenderse la Historia en España: si como una historia única y nacional, o como una Historia en la que prevalezca sobre todo el pasado de cada región o cada "nacionalidad" de acuerdo con el mapa autonómico que marca la Constitución española.

A decir verdad, los historiadores profesionales no parecen haber tenido dudas acerca de la existencia de una Historia de España formada por la suma de una serie de historias regionales, comarcales o locales, cuyo desarrollo en el discurrir del tiempo ha dado lugar a una identidad común en el marco geográfico que tiene como núcleo fundamental la Península Ibérica. Ahora bien, de la misma forma que la identidad española, la identidad andaluza —como la catalana o la gallega— ha ido surgiendo como consecuencia de la conformación de unos rasgos peculiares que se han perfilado en el transcurso de los siglos. Rasgos que se acentúan siempre, por otra parte, cuando se les pone en contraste con otras identidades regionales.

España en su conjunto ha estado, desde su más remoto pasado, movida alternativamente por unas fuerzas centrífugas o centrípetas que han hecho prevalecer, a veces la tendencia a la disgregación y a veces la tendencia hacia una centralización uniformadora. Frente a la diversidad de los reinos medievales, la unión de los Reyes Católicos en los albores de la modernidad; frente al respeto por la peculiaridad de cada una de las partes de la monarquía Habsburgo, el centralismo borbónico; frente al uniformismo liberal, la disgregación de la Primera República. Esta realidad ha influido también a la propia historiografía, que ha buscado una perspectiva unitaria o plural, de acuerdo con las corrientes imperantes en cada momento. La Historia, por ser una ciencia maleable, con poco recursos para defenderse de las intromisiones ajenas, especialmente políticas e ideológicas, se muestra bastante sensible a las fluctuaciones que imponen las circunstancias de cada tiempo.

La articulación de España en un Estado Autonómico a raíz de la Transición a la monarquía Democrática, dio un nuevo impulso a las corrientes centrífugas que se impusieron al rígido centralismo de la etapa de Franco. A partir de 1975, aproximadamente, el desarrollo de las historias regionales sirvió, entre otras cosas, para proporcionar un apoyo y una cobertura a las aspiraciones políticas de quienes buscaban argumentos para conseguir ventajas en el nuevo mapa autonómico del Estado. En algunos casos más que en otros, esta actitud estaba suficientemente justificada. Sin duda, Andalucía era una de las regiones españolas con mayor personalidad histórica y con unas señas de identidad forjadas a lo largo de muchos siglos de una trayectoria única y peculiar. Sin embargo, esa personalidad no se había visto acompañada de estudios que hubiesen dado a conocer su pasado como entidad diferenciada de las otras partes de España. Fue precisamente con motivo de la Transición iniciada a la muerte de Franco cuando aumentaron considerablemente los estudios históricos sobre Andalucía. En efecto, nunca anteriormente se había producido una eclosión de los estudios históricos regionales como el que se inició a partir de mediados de la década de los setenta del recién pasado siglo. Sin duda, la nueva situación política dio impulso a este nuevo enfoque de nuestro pasado, que daba una especial relevancia a la Historia de Andalucía.

Los estudios sobre el pasado andaluz

La primera Historia de Andalucía que se publicó en 1869-1872, fue la de Joaquín Guichot y Parody en unos momentos en los que se estaban realizando los intentos iniciales para rastrear y definir la "identidad" andaluza, con el objeto de sumarse a las corrientes del regionalismo que se estaban desarrollando en otras partes de España. El título de aquella obra era el de *Historia General de Andalucía desde los tiempos más remotos hasta 1870*. Sin embargo, al carecer Andalucía de una tradición nacionalista, como ocurría en Cataluña o en el País Vasco, la obra de Guichot no tuvo continuadores. Aunque hubo, ciertamente, algunas publicaciones que abordaban cuestiones concretas desde la óptica de la Historia de toda la región, o de una buena parte de ella, hubo que esperar hasta el final del régimen de Franco para presenciar de nuevo la aparición de obras generales sobre el pasado andaluz.

A partir de la segunda mitad de los años setenta del pasado siglo, se produjo un incremento notable de los estudios históricos sobre Andalucía. Significativo en este sentido, fue el impulso que proporcionó a estos trabajos el Primer Congreso de Historia de Andalucía que se celebró en Córdoba en 1976 y que reunió a una gran cantidad de especialistas que contribuyeron a renovar muchos conocimientos sobre sus campos respectivos. Posteriormente, otros Congresos, Coloquios y Jornadas de carácter similar, han venido a mantener el interés por esta línea de investigación.

No obstante, en estos años han sido muchos más numerosas las publicaciones referidas a aspectos puntuales del pasado andaluz que las obras de síntesis. Es más, podría decirse que predominan los estudios de carácter local sobre los de historia regional, de tal manera que no es ninguna falsedad, afirmar que la Historia de Andalucía se está construyendo con la suma de historias locales que se realizan de forma aislada y simultáneamente en cada uno de los puntos de la región. La inexistencia en el pasado de instituciones regionales y, por consiguiente de archivos del mismo tenor en los que pudieran llevarse a cabo investigaciones que abarcasen el pasado conjunto de esta región, como señaló en su día el profesor Domínguez Ortíz, no debiera ser una excusa para justificar esta limitación. Aunque si bien es cierto que la documentación andaluza está dispersa en cada archivo municipal, en cada Diputación, o en cada centro –del tipo que sea– provincial o local, también lo es que eso no debiera suponer un obstáculo insalvable, dada la proximidad geográfica de la mayor parte de las provincias de esta región y la mejora de las comunicaciones que se va produciendo entre ellas. El problema procede más bien de la falta de articulación de programas de colaboración que hayan permitido un trabajo coordinado con un enfoque más amplio que el de la simple historia local. Esa es una cuestión que recae sobre la responsabilidad de los investigadores, y que es de esperar vaya resolviéndose en el futuro.

En el terreno de las obras históricas de carácter general, el esfuerzo más espectacular llevado a cabo durante esos años fue el que se realizó bajo la dirección del profesor Antonio Domínguez Ortiz, y que dio como resultado la publicación de una *Historia de Andalucía* en la que colaboraron varios especialistas de cada una de las etapas de su pasado. La obra en su conjunto consta de ocho volúmenes, en los que se analizan los aspectos políticos, sociales, económicos y culturales de la región desde la Prehistoria hasta nuestros días. Sin embargo, han sido tantas las monografías y los estudios de todo tipo que se han publicado desde entonces, que esta colección está necesitada de una urgente revisión para poner al día los conocimientos que hoy tenemos sobre la materia.

Además de esta colección, es posible citar algunas obras generales de Historia de Andalucía que circulan en el mercado editorial y que ofrecen una visión completa del pasado andaluz con ánimo de síntesis y con un rigor contrastado. Casi simultáneamente a la dirigida por Domínguez Ortiz, apareció la obra de M. Moreno Alonso, *Historia de Andalucía*, en la que se realizaba un recorrido por todo su pasado, sin grandes alardes de erudición, en un solo tomo, y cuyo texto se veía acompañado de una serie de ilustraciones y estampas. Más erudita y detallada era la visión de conjunto sobre el pasado andaluz que ofrecía el profesor Cuenca Toribio en 1984 en un libro titulado *Andalucía, historia de un pueblo (...a.C.-1984)*. En esta obra, apoyada en unas enjundiosas y abundantes notas a pie de página, se traza toda la trayectoria histórica de Andalucía, con interesantes interpretaciones, no exentas de originalidad algunas de ellas. Más recientemente y también con el título de *Historia de Andalucía,* Juan A. Lacomba coordinó un libro en el que colaboraban algunos especialistas en los distintos periodos históricos y en la que él mismo se encargaba de la redacción de la etapa contemporánea.

Al margen de estas obras, existen otras Historias de Andalucía, más elementales y con carácter escolar, ya que los nuevos planes de estudio han incluido entre sus disciplinas el estudio del pasado regional.

De toda la bibliografía existente, se han escogido algunas de las publicaciones más destacadas en un apartado final para que el lector que así lo desee pueda hacer uso de ellas en el caso de que quiera ampliar las noticias y las informaciones que se le ofrecen en este libro.

Las primeras civilizaciones

Los primeros signos de presencia humana

Los primeros rastros de presencia humana en Andalucía se remontan a la época del Cuaternario, o dicho de otra manera, parece que hace un millón de años ya vivía gente en el sur de la Península. Los hallazgos arqueológicos de diferentes utensilios muy rudimentarios encontrados en diversos lugares de la región avalan esta teoría. Los restos humanos encontrados recientemente en la Sierra de Atapuerca, cerca de Burgos, de una importancia extraordinaria, podrían contribuir también a confirmar esta antigüedad. No obstante, no está del todo claro si estos primeros pobladores, que procedían de África, llegaron al continente europeo a través de nuestra región atravesando el Estrecho de Gibraltar, o a través de Oriente Medio.

Por otra parte, la polémica desatada por el descubrimiento en 1983 de determinados restos humanos en la región de Granada ("el hombre de Orce") y considerados por algunos como los más antiguos encontrados en Andalucía, no ha llegado a una conclusión definitiva. De hecho, los huesos encontrados no han acabado de ser reconocidos como tales restos humanos por los científicos. Así pues, la identificación de los primeros andaluces se halla todavía en el terreno de la nebulosa. Los especialistas, aunque no se atreven a definir contundentemente la especie a la que pertenecen otros restos encontrados en una cueva de Gibraltar, que se creen los más antiguos hasta el descubrimiento de 1983, sí apuntan a considerarlo como *Homo neandertalensis*. Esta especie vivió durante el Paleolítico Medio (año 250.000 hasta el 35.000 a.C.) y se ha detectado también su presencia en la zona granadina de Guadix-Baza y en la fachada atlántica de Cadiz-Huelva, así como en la cuenca del Guadalquivir. De todas formas, estos primitivos pobladores hicieron gala de una gran movilidad por toda la región, ya que la búsqueda de su subsistencia les llevaba a recorrer el territorio en toda su extensión.

Los andaluces que vivieron durante esta etapa de la Prehistoria, mostraron ya un cierto desarrollo de las técnicas de la talla de piedras, utilizaron el fuego y se acomodaron en las cuevas de la región para defenderse del frío originado por la última glaciación. Además, mostraron una cierta espiritualidad, al enterrar a sus muertos y rodearlos de ajuares y enseres para que los acompañasen en la otra vida, e hicieron gala de un incipiente sentido artístico.

El *homo neandertalensis* fue sustituido por el *homo sapiens-sapiens*, algunos de cuyos restos han sido encontrados en la cueva granadina de la Carigüela. Con él comienza la etapa llamada del Paleolítico Superior, que se sitúa cronológicamente entre los años 30.000 y 10.000 a.C. Han aparecido restos de estos grupos en Almería y en la Cueva de Nerja en la actual provincia de Málaga, e indicios de su presencia en toda la franja mediterránea situada al sur del Guadalquivir. Se han encontrado también algunas manifestaciones artísticas, como representaciones de animales diversos con un estilo propio y muy característico. Todas estas manifestaciones se concentran en torno a Málaga: Nerja, Cueva de la Pileta, Cueva del Gato o en Ronda, y son a su vez el reflejo más meridional de un arte que tiene su expresión más depurada en las cuevas de Altamira, al norte de la Península. Estos pobladores andaluces vivían de la caza de cabras, ciervos, jabalíes y conejos y también se alimentaban de moluscos costeros y de gasterópodos terrestres (caracoles).

Alrededor del año 8000 aproximadamente, se han datado los primeros síntomas de actividades recolectoras, lo cual constituye una clara prueba del progresivo sedentarismo de la población. Este último periodo de la Edad de Piedra, denominado tradicionalmente Neolítico, representa una de las etapas más interesantes de la humanidad por las transformaciones que se operaron en su género de vida. Las antiguas formas de subsistencia, basadas en la caza y en el aprovechamiento de los productos que espontáneamente ofrecía la Naturaleza, fueron sustituidas por otras en las que primaba la agricultura y la cría de animales domésticos. Al mismo tiempo, se inventó la cerámica, mediante la cual, los hombres procedían a fabricar recipientes de arcilla para almacenar los alimentos y para su utilización en rituales funerarios.

Esta revolución, que se originó en el Próximo Oriente, llegó a la Península Ibérica cuando en ésta ya se habían iniciado transformaciones similares, por lo que puede hablarse del carácter autóctono del Neolítico peninsular. En Andalucía, los yacimientos más característicos han sido encontrados en cuevas de las zonas costeras de Almería, Granada y Málaga, y más al interior en la actual provincia de Jaén. La cerámica encontrada en algunas de estas cuevas presenta unos dibujos incisos o de cordel, de formas geométricas muy características, y una serie de punzones de hueso. También se ha encontrado una especie de silo para el almacenamiento de cereal, mediante el cual se han podido conocer varios tipos de granos que son exponentes de una agricultura selectiva, propia de una cultura avanzada.

Junto a esta cultura neolítica representada en las cuevas, se han hallado también otros yacimientos al aire libre en la zona más occidental de la región andaluza, pertenecientes a la fase final de esta etapa, a la que se la ha denominado *cultura de Almería* o *periodo almeriense*. Los más importantes son los de El Gacel, La Gerundia y Tres Cabezos, y en ellos se han encontrado cerámica lisa de formas variadas y una gran cantidad de utensilios de piedra pulimentada. También se han encontrado enterramientos en forma circular, rodeados de piedras y con un ajuar de decoración avanzada, que anuncia ya la posterior etapa calcolítica.

La Edad de los Metales

Con el final del periodo Neolítico se inicia la Edad de los Metales, denominada así por la invención de la metalurgia, lo cual supuso un avance importante en la cultura del hombre primitivo. La primera etapa de esta nueva fase de la Humanidad fue el llamado periodo Calcolítico o del cobre. La utilización del cobre fue introduciéndose de forma progresiva en algunas culturas del Próximo Oriente, fechándose en el IV milenio a.C. los primeros restos documentados. Sin embargo, al igual que ocurría con la cultura neolítica, los especialistas sostienen hoy la teoría de que la cultura de los metales no fue importada a Europa Occidental desde el Próximo Oriente, sino que surgieron aquí otros núcleos, algunos de los cuáles pueden ser considerados incluso más antiguos que los que hasta hace poco eran considerados sus predecesores.

Los primeros focos de la metalurgia de la Península Ibérica se localizan en Andalucía entre el segundo y el tercer milenio a.C. La riqueza minera de la zona explica el conocimiento y la utilización de estos nuevos recursos en la región meridional, antes que en el interior y en las zonas del norte. Desde Almería hasta Granada, fueron surgiendo una serie de poblaciones que constituyen el exponente de esta nueva cultura en la que aparecen por primera vez formas urbanas. Los Millares, Almizaraque, Cerro de las Canteras, Virgen del Orce y El Malagón, entre otros, son poblamientos que jalonan todo este territorio. El más importante de todos es el de Los Millares, que ha dado nombre a toda una cultura y que estaba situado en la confluencia de los ríos Huéchar y Andarax, en una meseta de notable valor estratégico en la que se construyó un recinto defensivo muy desarrollado. También se ha encontrado en este poblamiento una necrópolis de carácter megalítico con más de cien enterramientos, cada uno de los cuáles se hallaba acompañado de su correspondiente ajuar. En todos estos yacimientos han aparecido objetos metálicos de cobre, como hachas, puñales y cinceles, de una tecnología muy simple. Asimismo, se han encontrado diferentes ídolos fabricados con piedra o hueso, y muchos de ellos decorados con motivos geométricos. La cerámica constituye también una parte importante de los yacimientos calcolíticos, aunque algunas de sus formas provienen claramente de la anterior etapa neolítica.

La última fase del Calcolítico es la llamada del Vaso Campaniforme. Reciben este nombre una serie de culturas calcolíticas existentes aproximadamente hacia el año 2200 a.C. y que tenían como rasgo común la utilización de unas vasijas de cerámica en forma de campana invertida. Lo más curioso de esta cultura es que se extendió por toda Europa, desde el Atlántico hasta los Cárpatos, adquiriendo así un carácter universal que ha llamado la atención de todos los arqueólogos. En Andalucía se ha encontrado algunos de los ejemplares más representativos de esta cerámica, entre ellos el hallado en Carmona, en la provincia de Sevilla.

La Edad del Bronce abarca aproximadamente desde el año 1800 a.C. hasta el 750 a.C. Esta cronología no es válida para todas las regiones de Europa, pero puede aplicarse a su desarrollo en la región andaluza. Hay que destacar, sobre todos, el foco que surgió en el sudeste peninsular, que es conocido como la cultura de El Argar, y que se extendió desde Almería hasta Granada y Jaén. Actualmente se han descartado las teorías que ligaban a esta cultura con las influencias venidas del oriente mediterráneo y se ha insistido en la relación de continuidad que supone con la cultura de Los Millares. La mayor parte de los poblados argáricos están situados en lugares altos y estratégicos, aunque existen notables diferencias de tamaño y de disposición en cada uno de ellos, debido seguramente a la diversidad de funciones y actividades que desarrollaban. A través de sus enterramientos podemos conocer algunas de las características de esta cultura. Introdujeron las sepulturas individuales, situadas bajo las viviendas. En sus ajuares incluían piezas de cerámica y también objetos metálicos de adorno y armas, lo cual ha permitido calibrar la riqueza individual de los miembros de aquella sociedad. La base de la economía estaba en algunos lugares, como Almería, en la agricultura, y en otros en la ganadería, como en Granada. En todos ellos, la actividad metalúrgica ocupaba un lugar importante en su trabajo. La presencia de objetos metálicos de diverso valor en los ajuares de sus tumbas ha permitido a los especialistas establecer diferentes niveles sociales.

Alrededor del año 1200 a.C. la cultura de el Argar fue desapareciendo como consecuencia del agotamiento de los yacimientos metalúrgicos y del empobrecimiento de las tierras dedicadas a la agricultura. La fase final de la Edad del Bronce se caracteriza por la disminución de la importancia de los poblamientos de la Andalucía Oriental y la aparición de nuevos asentamientos en la parte occidental de la región. La actividad económica desarrollada entre los pueblos de la fachada atlántica de Europa, desde el golfo de Cádiz hasta el Báltico, impulsó la creación de nuevos núcleos de población en torno al Suroeste andaluz. Se han encontrado numerosos objetos de bronce en enterramientos o escondrijos en la cercanía de la costa, que han hecho pensar en las relaciones que se emprendieron por mar con otros pueblos cuyos restos presentan similares características. La intensificación de estas relaciones sobrepasaron los límites del Atlántico para adentrarse en el Mediterráneo y ampliando de esta forma la influencia de las culturas procedentes de las regiones orientales.

La existencia de una población creciente en la zona occidental de Andalucía, con una avanzada organización urbana, así como con una floreciente actividad económica y comercial basada en la riqueza agrícola y minera, daría lugar a la aparición de una sociedad refinada y altamente desarrollada. Conocemos sus rasgos generales, no sólo por los restos arqueológicos que han llegado hasta nosotros, sino por los testimonios de algunos contemporáneos que nos dejaron en sus escritos importantes referencias de su cultura.

Tartesos, entre la historia y la leyenda

El reino de Tartesos se halla todavía envuelto en un halo de misterio y de leyenda, del que no ha podido desprenderse a pesar de los importantes avances que se han llevado a cabo en su estudio por parte de arqueólogos y especialistas. El origen de esta nebulosa histórica que rodea a la civilización tartésica está en la falta de datos sobre su origen, sobre la localización de su capitalidad y sobre su desaparición.

Se sabe que a finales del segundo milenio a.C. se había llegado al descubrimiento del bronce, metal derivado de la aleación del estaño con el cobre. La inexistencia de aquel metal en la región oriental de Andalucía iba a producir el cambio de la primacía que ésta había ejercido hasta entonces a favor de la parte occidental de la región, en la que además del cobre y de la plata, había yacimientos de estaño, y existían más facilidades para traerlo desde otros lugares de la costa Atlántica. La zona del valle del Guadalquivir y su desembocadura, que reunía unas privilegiadas condiciones agrícolas por la fertilidad de su suelo y la bonanza de su clima, se vio, gracias a estas circunstancias, potenciada por su riqueza minera y por su posición geográfica de cara al Océano y con una buena comunicación con el Mediterráneo.

Las especiales condiciones del Suroeste peninsular constituyeron un atractivo para los pueblos indoeuropeos, que desde hacía algún tiempo habían atravesado la barrera de los Pirineos y habían llegado hasta la Meseta y que ahora buscarán el camino hasta el extremo meridional de la Península. Por otra parte, los pueblos del oriente mediterráneo –fenicios y griegos– se vieron también atraídos por la abundancia de metales existentes en esta parte de Andalucía. Su interés, no solo les llevaría a realizar frecuentes viajes de intercambio, sino que establecerían algunas colonias para asegurarse el mercado y consolidar las rutas de navegación. Por último, la comunicación por la fachada atlántica proporcionaría un carácter homogéneo a todos los pueblos que se asomaban a las costas occidentales del continente.

La confluencia de todos estos factores dio lugar a la aparición del reino de Tartesos, como entidad política que dominaba las fuentes metalúrgicas y agrícolas de la zona y que desarrolló una cultura superior. Sin duda, la influencia fenicia marcó una impronta importante en la formación de esta cultura que se extiende cronológicamente entre la última fase de la Edad del Bronce y los comienzos de la llamada Edad del Hierro.

El historiador griego Heródoto, hacía alusión en sus *Historias* al rey de los tartesios, Argantonio, que "gobernó durante ochenta años y vivió durante ciento veinte". De esta forma, conocemos la existencia de una monarquía que regía los destinos de Tartesos, aunque carecemos de precisiones históricas sobre este personaje, cuya vida está llena de rasgos legendarios. Otros escritores de la Antigüedad han enlazado a las dinastías de Tartesos con dioses y héroes. Así, Hesiodo nos habla de las terribles Gorgonas, habitantes de estas tierras, una de las cuáles fue decapitada por Perseo y de cuya herida nacieron Chrysaor, el de la espada de oro, y Perseo, el caballo alado. De la unión de Chrysaor y Callirhoe, la hija del Océano, nació Gerión, rey de tres cuerpos y tres cabezas que había visto la luz en la cuenca del río Tartesos, cuyas ricas tierras gobernó hasta que Hércules le dio muerte y se llevó sus bueyes a la sagrada Tirinto. La hija de Gerión, Erytheia, engendró de Hermes a otro rey tartesio, Nórax, que más tarde emigraría a Cerdeña.

Otro relato del escritor romano Justino nos habla del rey Gargoris, que deshonrado porque su hija le había dado un nieto ilegítimo, quiso por todos los medios deshacerse de él. Después de intentarlo inútilmente por varios procedimientos, lo arrojó a unos cerdos hambrientos, pero éstos, lejos de devorarlo, lo amamantaron y criaron. Lo lanzó posteriormente al océano, pero las olas lo devolvieron mansamente a la costa, donde fue recogido por una cierva que no sólo le ofreció sus ubres, sino que le inculcó una agilidad y ligereza similar a las de los animales más veloces. Apresado por unos cazadores, fue llevado ante el rey Gerión, quien lo reconoció, y admirado por sus cualidades lo nombró heredero y le dio el nombre de Habis. Ya en el trono, Habis enseñó a su pueblo el uso del arado y a utilizar las semillas para sembrar la tierra. Cuando murió, dejó el reino a sus descendientes.

Estas fuentes no hicieron más que fomentar una leyenda con escasa credibilidad histórica. Mayor verosimilitud ofrece la descripción que dio de Tartesos en el siglo IV a.C. Rufo Festo Avieno en su poema geográfico *Ora Marítima*. A través de este texto podemos delimitar la zona geográfica por la que se extendía aquel reino. Al parecer ocupaba prácticamente toda Andalucía y se extendía por el Norte hasta el Guadiana, siendo sus accidentes principales el río Guadalquivir, el lago *Ligustino* y el monte *Argentarius*, llamado así por los reflejos de plata que ofrecían sus laderas.

Los hallazgos que se han producido en torno a Tartesos han contribuido a acentuar el carácter mítico y legendario de esta cultura. Especialmente significativo en este sentido es el llamado Tesoro del Carambolo. Su descubrimiento se debió al arqueólogo Juan de Mata Carriazo, quien en 1958 encontró en el cerro de ese nombre, en las proximidades de Sevilla, un rico ajuar compuesto por varias joyas de oro de un peso total de casi tres kilogramos. Los dibujos y los trazos de estas joyas ponían de manifiesto la refinada técnica utilizada por sus autores para su diseño, en el que se combinaban los trazos indígenas con las influencias procedentes de Chipre y de otros lugares del oriente mediterráneo. El conjunto estaba integrado por un collar, unos brazaletes, pectorales y varias placas de adorno, que desde su descubrimiento permanecen custodiados en una caja fuerte del ayuntamiento de la ciudad de Sevilla.

Este, y otros descubrimientos arqueológicos de valor similar, como el conjunto de joyas hallado en La Aliseda (Cáceres) o los ajuares de las necrópolis de La Joya (Huelva) o de las proximidades de Carmona, nos han permitido conocer con más detalle la forma de vida, las costumbres y las influencias de este pueblo, cuya existencia se desenvolvió en torno al medio milenio que transcurrió entre el año 1000 y el 500 a.C.

Está claro que la prosperidad tartésica se basaba en el control y explotación de las ricas minas situadas en el territorio que estaba bajo su dominio. No lo está tanto la ubicación de la capitalidad de Tartesos, puesto que si algunos han querido situarla en la desembocadura de los ríos Tinto y Odiel, otros estudiosos han encontrado más razonable localizarla en las proximidades de Sevilla. De todas formas, esta es una cuestión que ya no preocupa tanto a los historiadores como hace algunos años, ya que el hecho de haber encontrado yacimientos en diversos lugares de la geografía andaluza, permite abrigar la creencia de que contaban con varios centros urbanos de relevancia.

A través de los hallazgos de estelas y de objetos de cerámica, en los que aparecen grabados varios tipos de armas y guerreros en carros de batalla, se ha deducido la existencia de una casta militar que dominaba al pueblo de los tartesios y que servía de soporte a la monarquía. Los restos de sus necrópolis, nos permiten asegurar que poseían una creencia en el más allá, aunque resulta muy difícil precisar cuáles eran sus dioses y qué ritual concreto desarrollaban en sus ceremonias religiosas. Era también un pueblo letrado y poseedor de una escritura arcaica, al parecer de influencia fenicia, que no ha podido aún ser descifrado por los historiadores.

LAS COLONIAS DE LOS FENICIOS

Los fenicios llegaron a las costas andaluzas procedentes de su país, situado en la región en la que actualmente ocupa el Líbano, antes del año 1000 a.C. Diversas fuentes literarias fechan la fundación de la ciudad de Cádiz por los fenicios en el año 1100 aproximadamente, lo cual constituye un acontecimiento singular, ya que se trataría del primer centro urbano de relevancia dentro de la Península Ibérica e incluso de la Europa Occidental. No obstante, los restos arqueológicos más antiguos encontrados en suelo peninsular sólo datan del siglo IX a.C. En cualquier caso, la presencia de los fenicios en Andalucía respondía al atractivo que suponía para este pueblo la riqueza minera de su subsuelo. El espíritu comercial de este pueblo procedente del próximo oriente, le llevó a establecer colonias por toda la cuenca del Mediterráneo, hasta cruzar el Estrecho de Gibraltar. Los asentamientos fenicios respondían a la necesidad de obtener el oro la plata y el estaño y también a motivaciones de tipo agrícola. En este sentido, el papel que Cádiz desempeñó fue el de plataforma reguladora del comercio atlántico del estaño y de centro redistribuidor por toda la zona del Estrecho de toda clase de artículos.

Los fenicios establecieron colonias, además de Cádiz, en la costas de

Granada y Málaga. En la colonia gaditana erigieron un santuario a su dios Melkart (Hércules), que se hallaba situado en la actual isla de Santi Petri y del que actualmente no queda ningún resto. Se conserva, por el contrario, un excelente sarcófago antropoide labrado en mármol, que se puede contemplar en el Museo Arqueológico Provincial de Cádiz. Se han excavado también importantes yacimientos en las provincias de Málaga, Granada y Almería, que han permitido conocer la preferencia de los fenicios por establecer sus poblados en la desembocadura de los ríos y sus necrópolis en las alturas de los alrededores.

A pesar de la importancia de la presencia fenicia, no se sabe mucho sobre su organización social, sobre el grado de compenetración con los pueblos indígenas, ni sobre la difusión de su lengua. De todas formas, parece que mantuvieron una estrecha relación con el pueblo tartésico, que se tradujo en una influencia considerable sobre todas sus formas culturales y artísticas. En efecto, parece razonable la teoría de que la llegada de estos colonos con sus demandas, llevó a los indígenas a incrementar la producción de minerales y a intensificar los intercambios de todo tipo con los fenicios. Se erigieron núcleos fortificados con arquitectura de carácter oriental, se levantaron santuarios que utilizaban conjuntamente unos y otros, y se estableció una colaboración para mejorar las técnicas de extracción de los metales.

A partir del siglo IV a.C. se registró un progresivo abandono de los asentamientos fenicios y por consiguiente una disminución de las importaciones de productos procedentes de oriente. Sin duda, este proceso fue en parte consecuencia de la caída de Tiro en manos de Nabucodonosor en el año 573. Sin embargo, también se ha señalado que la decadencia de la colonización fenicia en la Península pudo deberse a una crisis de crecimiento de estas colonias, lo que exigió una reorganización de sus enclaves, que dejaron de ser pequeñas factorías para convertirse en grandes centros urbanos, como Málaga, Almuñecar, Villaricos o el propio Cádiz.

La presencia griega en Andalucía

Así como son abundantes los yacimientos fenicios en Andalucía, como acabamos de comprobar, los restos arqueológicos que dejó la presencia griega en la región son escasos y en nada similares a los que, por ejemplo, dejaron en la costa catalana (Ampurias). No obstante, sabemos a través de fuentes literarias que los griegos emprendieron a partir del siglo VIII a.C., una serie de expediciones hacia el occidente mediterráneo que les llevó, primero al sur de la Península italiana y posteriormente a la Península Ibérica. La presión demográfica y los intereses mercantiles fueron los motivos de esta expansión. En su trayectoria, tropezaron con la paralela expansión de los fenicios, con los que mantuvieron una considerable rivalidad. Las diferencias que sostuvieron a causa de la identidad de sus intereses, se saldó mediante una cierta separación de sus zonas geográficas de influencia. Así, los fenicios dominaron la costa Norte del continente africano, mientras que los griegos se limitaron a situar sus establecimientos esencialmente en la parte norte de la cuenca mediterránea.

Los griegos llegaron a las costas andaluzas atraídos por la riqueza metalúrgica de la región. Aunque algunos historiadores sostienen que la presencia de estos colonizadores se inició en el siglo VIII a.C., la mayor parte de los especialistas descartan esa posibilidad. Si bien es cierto que se han encontrado en Huelva algunos restos de cerámica griega datados en fecha tan temprana, es muy posible que esta cerámica llegase a través del comercio fenicio. Lo que si son abundantes son los relatos literarios en los que se hace referencia a los contactos de los griegos con las poblaciones del extremo occidental del Mediterráneo. Estos escritos ofrecen escasas garantías de credibilidad, pero contienen algunas pistas sobre los asentamientos que tuvieron lugar en nuestra región.

Estrabón, recogiendo algunas leyendas relatadas por otros autores, nos habla del viaje que Ulises realizó a la Península, junto con otros héroes griegos. Según estos relatos, se erigió en la desembocadura del Guadalquivir un oráculo de Menesteo (un ateniense que llegó hasta Andalucía) y se construyó un puerto del mismo nombre, que podría identificarse con el Puerto de Santa María. El historiador griego Heródoto hace referencia a un viaje que los griegos de Samos hicieron al reino de Tartesos a mediados del siglo VII a.C. Según su relato, un barco griego que navegaba hacia Egipto fue arrastrado por los vientos hacia el oeste, hasta traspasar las columnas de Hércules (Estrecho de Gibraltar) y arribar a Tartesos. Allí fueron calurosamente acogidos y realizaron unas operaciones comerciales muy beneficiosas. De regreso a su patria, y como agradecimiento el capitán del navío –Kolaios– dedicó un exvoto a la diosa Hera en forma de un monumental caldero de bronce. El viaje pudo ser cierto y, en todo caso, parece que por aquella época se produjeron ya contactos entre navegantes griegos y el reino de Tartesos.

A partir del siglo VII a.C. se intensificó la presencia griega en la Península, aunque su asentamiento en Andalucía estuvo dificultado por el control que los fenicios ejercían ya sobre el comercio de aquella zona. Sus intereses se dirigieron más al norte, –siempre en la costa Mediterránea–, donde fundaron la colonia de Massalia (Marsella) y Emporión (Ampurias). Sin embargo, los textos citan la colonia de Mainake, aunque no se sabe a ciencia cierta el lugar de su emplazamiento. Algunos hablan de la actual Torre del Mar o de las proximidades de Vélez-Málaga, en la actual provincia de Málaga, e incluso de Almuñecar, en la provincia de Granada, aunque por ahora los únicos restos que se han encontrado en estos lugares son de origen fenicio. Asimismo, existen algunas huellas toponímicas de la presencia griega en Andalucía, como Calpe (Gibraltar), o Herakleia (Algeciras).

A pesar de la escasez de testimonios materiales sobre la presencia griega en Andalucía, es indudable que la cultura helénica ejerció una influencia notable en la conformación de la cultura nativa y seguiría desempeñando un papel significativo, sobre todo, en el desarrollo de las formas artísticas de los pueblos prerromanos de los siglos posteriores.

Los pueblos iberos

La decadencia de la cultura tartésica coincide con la aparición de la cultura ibérica. El panorama histórico que los especialistas de la Antigüedad presentan de la etapa que transcurre en Andalucía entre la desaparición del reino de Tartesos y la llegada de los romanos, es bastante confuso. Lo que ocurre en esta región entre finales del siglo VI a.C. y los comienzos del siglo III a.C., permanece todavía en el terreno de la especulación y no resulta extraño encontrar noticias e informaciones poco precisas y, a veces, contradictorias. Algunos autores califican la transición que se produce alrededor del 500 a.C. como "taretésico final", "protoibérico", o "ibérico inicial". De cualquier forma, la aparición de la cultura ibérica tiene su origen en diversas variantes regionales en la Península que van tomando, en el transcurso del tiempo, unas formas artísticas, culturales, idiomáticas y sociales más o menos homogéneas. Su apogeo se alcanzaría alrededor del periodo 350-300 a.C. En Andalucía, la cultura ibérica siguió guardando ciertas variantes entre sus distintos pueblos. En el valle del Guadalquivir, los turdetanos se convirtieron en los continuadores de los tartesios y mantuvieron su apogeo hasta la llegada de los cartagineses y los romanos. Los turdetanos poseían ciudades fortificadas (*oppida*), muchas de las cuáles estaban gobernadas por reyezuelos que dominaban el territorio circundante. Entre las más destacadas, Carmo (Carmona), Urso (Osuna) Astapa (Estepa) y Hasta Regia (Jerez). También tenían importantes santuarios, como el excavado en Torreparedones (Castro del Río, Córdoba) en el que han aparecido numerosos exvotos con inscripciones latinas, lo cual pone de manifiesto la utilización de estos objetos por gente romanizada que no abandonó su religión ni sus costumbres a pesar de la presencia de los romanos en estas tierras.

En la parte más occidental de Sierra Morena, lindando con los lusitanos, existían asentamientos de gentes que recibieron el nombre de túrdulos y que eran de origen céltico, como atestiguan algunos toponímicos de aquella zona. Sin embargo, tanto el origen de estos asentamientos, como la extensión territorial de su influencia son poco conocidos.

Esta etapa de transición se caracteriza en Andalucía por el traslado del foco de mayor actividad económica hacia la parte oriental, hacia las tierras de Jaén y Granada, donde estaban los oretanos y los bastetanos. La razón de este cambio hay que buscarla, además de la riqueza minera y agrícola del territorio, en la influencia ejercida en esta zona por la civilización de los griegos que mantenían un activo comercio desde sus emplazamientos en el Levante con estas tierras de la Andalucía Alta por los caminos del interior. Exponente máximo de la cultura ibérica en esta zona es la llamada Dama de Baza. Su descubrimiento se produjo en 1971 cuando el arqueólogo y profesor Francisco Presedo realizaba unas excavaciones en una necrópolis de Baza (Granada). Se trata de una estatua policromada de una diosa sedente cuyo hallazgo y datación en la primera mitad del siglo IV a.C., permitió resolver el problema de la localización cronológica del arte ibérico. La Dama de Baza se halla depositada actualmente en el Museo Arqueológico Nacional de Madrid.

Otras esculturas, de menor importancia artística pero igualmente interesantes para el conocimiento de los iberos, son las que componen el conjunto hallado en Porcuna (Jaén), tallados en un tipo de piedra caliza (*sipia*) que permite la aplicación de una técnica cercana a la utilizada con la madera. Se han encontrado numerosas esculturas de animales, como el del toro ibérico acostado de Osuna, destinadas a las tumbas para ejercer la protección de los difuntos. Asimismo, los restos arqueológicos de todo tipo y el hallazgo de miles de exvotos de bronce, atestiguan unas creencias religiosas de considerable influencia griega y púnica.

Son también características de esta cultura ibérica, las pequeñas fortalezas diseminadas por toda Andalucía y que servían de protección al territorio circundante y al mismo tiempo de lugar de refugio en caso de peligro.

Los cartagineses

El estudio de la presencia cartaginesa en la Península Ibérica ha tenido que superar la imagen distorsionada que nos han transmitido sus irreconciliables enemigos los romanos a través de las fuentes clásicas. Sin embargo, hoy podemos conocer con más objetividad la trayectoria de este pueblo y los pormenores de su presencia en Andalucía. Ya en el siglo VI a.C., Cartago, situada en el norte de África, en la actual Túnez, se había convertido en un centro comercial de primera importancia a raíz de la paulatina desaparición de los fenicios del occidente Mediterráneo. Las fuentes escritas nos hablan de que en el siglo V a.C. el rey cartaginés Hanon emprendió una política de expansión para paliar las consecuencias de la escasez de tierras cultivables en el entorno de Cartago y la ausencia total de metales, de tal manera que vinieron a sustituir la influencia que los fenicios habían ejercido en esta parte del mundo conocido. Pactaron con los romanos, que también comenzaban a mostrar una política expansionista, unas zonas de influencia y los cartagineses obtuvieron el reconocimiento de un ámbito comercial en la costa del norte de África y en el sur de la Península Ibérica. A pesar de estos acuerdos, no pudo evitarse un enfrentamiento entre las dos potencias comerciales en un largo conflicto conocido con el nombre de Guerras Púnicas.

Después de la derrota de Cartago a manos de Roma en la Primera Guerra Púnica (264-241 a.C.), llegó al sur de la Península Amílcar Barca, con el objeto de iniciar una acción tendente al dominio de todo el valle del Guadalquivir hasta alcanzar la zona minera de Sierra Morena. Durante las operaciones de conquista murió Amílcar, que fue sustituido por su yerno Asdrúbal. Este culminó la conquista del Sudeste peninsular y fundó la ciudad de Cartago Nova en un importante enclave minero y marítimo de la costa levantina, desde el que le era permitido dominar el comercio por el Mediterráneo occidental. Los cartagineses articularon su dominio en Andalucía a través de antiguas ciudades a las que convirtieron en bastiones de su defensa.

A la muerte de Asdrúbal, el hijo de Amilcar, Aníbal, amplió el dominio cartaginés en la Península con ayuda de sus tropas africanas y de los temidos elefantes que las acompañaban. Mediante guerras o mediante pactos, consiguió hacerse con el control de los pueblos nativos. Consecuencia de estas acciones fue el sitio de Sagunto, cuyos habitantes eran aliados de Roma, a la que pidieron ayuda. Roma declaró la guerra a Cartago y así comenzó la Segunda Guerra Púnica. Aníbal preparó una gran marcha hacia Roma y con un gran ejército en el que había muchos mercenarios hispanos, cruzó los Pirineos y a través de los Alpes se presentó en la Península italiana, venciendo a los romanos en las batallas de Tesino, Trebia y Trasimeno y amenazando a la misma capital. Ante esta amenaza, los romanos enviaron tropas a la Península Ibérica para tratar de cortar los suministros y el envío de tropas de refuerzo a Aníbal. El general romano Publio Cornelio Escipión llegó hasta la misma Cartago y en la batalla de Zama (202 a.C.) era vencido el ejército cartaginés, dándose fin con ello a la Segunda Guerra Púnica.

Años más tarde, la recuperación de Cartago hizo temer a los romanos que de nuevo pudiese suponer una amenaza para sus dominios y le declaró de nuevo la guerra el año 146 a.C. La tercera Guerra Púnica terminó con la destrucción de Cartago y con la conquista de todos los territorios del Norte de África, que fueron convertidos en provincia romana.

La Andalucía romana y visigoda

La romanización de Andalucía se desarrolló desde el siglo III a.C. hasta comienzos del siglo V d.C. Durante esta dilatada etapa de más de medio milenio se llevó a cabo un proceso de convivencia entre los hombres y las corrientes culturales, religiosas y artísticas llegadas de Roma y lo existente hasta entonces, que dejó una huella indeleble en la conformación de lo que podríamos llamar la identidad andaluza. El peso de la cultura latina, asimilada por los habitantes de la región con una perfecta naturalidad, dio lugar a un fructífero mestizaje entre lo propio y lo importado. A partir de aquella etapa, la impronta romana en Andalucía se dejaría sentir con fuerza de manera imborrable por los siglos venideros.

Los primeros romanos en Andalucía

La presencia romana en Andalucía data de finales del siglo III a.C. y se produjo como consecuencia de la Segunda Guerra Púnica. En aquellos momentos, Roma era todavía una República, pero disputaba con Cartago la hegemonía en el Mediterráneo occidental. Cuando Aníbal sucedió a Asdrúbal en el mando cartaginés, puso en marcha una estrategia consistente en el ataque directo a los romanos en la misma Península Italiana. En primer lugar, desde sus bases en Andalucía, organizó expediciones hacia el norte de la Península Ibérica, no sólo como parte de una exhibición militar, sino para someter a los distintos pueblos hispanos con el objeto de que pasasen a formar parte de su ejército. El ataque a Sagunto, una de las ciudades más importantes al sur del Ebro, que era amiga de Roma, desencadenó el enfrentamiento entre las dos potencias. Mientras que Aníbal con sus tropas atravesaba los Pirineos para dirigirse a Italia a través de los Alpes, Cneo y Publio Cornelio Escipión, dos generales de una de las familias más importantes de Roma, desembarcaron en Ampurias en el año 218 a.C., derrotaron a los cartagineses en los primeros enfrentamientos y consiguieron apoyos y alianzas entre los pueblos hispanos del norte del Ebro. Desde allí, los romanos se dirigieron al sur, donde se produjeron importantes enfrentamientos en Munda (cerca de Montilla), Urso (Osuna) y en las proximidades de Castulo (Linares) que les llevaron al valle del Guadalquivir. Sin embargo, los Escipiones fueron finalmente derrotados y obligados a retroceder de nuevo hacia el Norte.

En el año 209 a.C., Publio Cornelio Escipión el Joven fue nombrado procónsul y al mando del ejército de Roma inició una nueva ofensiva que le llevó a la toma de Cartago Nova (Cartagena). La conquista de esta ciudad revistió una gran importancia, ya que además de ser un gran centro minero, era el puerto a través del cual Aníbal recibía ayuda desde el norte de África. A partir de esa conquista, se inició la progresiva ocupación de todo el sur de la Península por los romanos, que llegaron hasta Cádiz. Antes de volver a Roma en el año 206, Escipión fundó cerca de Hispalis (Sevilla) la ciudad de Italica para que acogiese a los veteranos de esta guerra. Los pueblos nativos, que habían considerado en un principio como una liberación la intervención de Roma, se dieron cuenta de que sólo habían cambiado de dueños, pues los romanos establecieron su soberanía sobre estos territorios conquistados.

Roma, que en un principio había llegado a la Península como consecuencia de la ofensiva contra los cartagineses, decidió incorporar estos territorios a su dominio una vez conseguido con éxito su propósito. Para consolidar su conquista tuvo que organizar una serie de operaciones destinadas a evitar cualquier intento de resistencia por parte de la población indígena. En este contexto hay que incluir las llamadas Guerras Celtibéricas (153-133 a.C.) y las Guerras Lusitanas (155-136 a.C.). Las primeras estuvieron destinadas a someter a los pueblos celtibéricos y vacceos con el pretexto de que éstos no pagaban los impuestos pactados con Roma. Su escenario se circunscribió a las tierras situadas en la mitad norte de la Península. Por el contrario, las Guerras Lusitanas se desarrollaron en parte en el sur peninsular. Algunas fuentes escritas hacen referencia a unos primeros enfrentamientos que tuvieron lugar entre algunas bandas lusitanas y Publio Escipión cerca de la ciudad de Ilipa (Alcalá del Río) en el año 194 a.C. Más tarde, en el 154 a.C. el caudillo lusitano Púnico atacó a las tropas romanas en el sur de la Península y solo fueron detenidos en Nertobriga (Fregenal de la Sierra). Años más tarde, el lusitano Viriato comenzó un hostigamiento de los romanos por medio del sistema de guerrillas, llegando hasta el valle del Guadalquivir. Los romanos solo pudieron poner coto a estas incursiones con el asesinato de Viriato en el año 139 a.C.

La organización política y administrativa de la Bética

Aunque Roma tenía ya una larga experiencia de cómo integrar a las poblaciones conquistadas, la organización administrativa de los territorios de la Península Ibérica sirvió de banco de pruebas para la introducción de un sistema similar en los nuevas conquistas que iría haciendo en su trayectoria expansiva. La presencia militar, la explotación económica y el control político, planteaban una serie de nuevos problemas cuya solución se ensayó por primera vez en la Península.

Al mismo tiempo que consolidaron su dominio en la Península, los romanos iniciaron la división administrativa del territorio conquistado en dos provincias: a la más alejada de Roma la llamó *Hispania Ulterior* y a la más próxima *Hispania Citerior*. La frontera que separaba a una de otra no era muy precisa, pero puede decirse que consistía en una línea transversal que iba desde Cartagena hacia el noroeste de la Península. En cada uno de estos territorios colocó a una legión que dependía de un gobernador provincial, el cual recibía el nombre de *praetor*. Así pues, la primera de estas provincias abarcaba ya todo el territorio andaluz, más algunas zonas del Levante.

La capitalidad de la *Hispania Ulterior* estuvo situada en un principio en Cartago Nova, pero cuando se culminó la pacificación del valle del Guadalquivir, y hasta el final del periodo republicano, esa capitalidad se trasladó a Corduba (Córdoba), ciudad fundada en el 152 a.C. por Claudio Marcelo. Más tarde, el emperador Augusto, llevó a cabo una reorganización de los territorios consistente en la división de la Ulterior en dos provincias: la *Lusitania* que comprendía los territorios situados en la parte occidental, y la *Bética*, cuya circunscripción abarcaba prácticamente el territorio andaluz. Emerita Augusta (Mérida) fue erigida capital de la primera y Corduba de la segunda.

El pretor era el representante del Estado romano en cada provincia y no solo administraba justicia, como hacían en Roma, sino que tenía el mando del ejército y jurisdicción sobre la administración de las finanzas. El pretor era designado por el Senado y el nombramiento solía recaer en personas de gran influencia o en miembros de las familias de mayor relieve político. Por eso, en las provincias hispanas los gobernadores estuvieron vinculados en un principio a la familia de los Escipiones. Para controlar su actuación, el Senado nombraba a un *Consilium*, compuesto por varios senadores que le acompañaban durante toda su misión. Además, el gobernador nombraba a un grupo de colaboradores que le asesoraban en sus funciones.

En general puede decirse que el establecimiento de una población procedente de la península itálica en Andalucía fue muy importante. La riqueza agrícola y minera de la región sirvió de atractivo para muchos romanos que vinieron con el ejército. La colonización se hizo en la mayor parte de los casos mediante un acuerdo con la población hispana. Roma tendió a mantener los centros urbanos existentes y fundó nuevas ciudades. La ciudad podía ser de dos tipos: *municipium* y *colonia*. El municipio estaba integrado por ciudadanos que compartían las cargas públicas y se les permitía mantener las tradiciones jurídicas y culturales propias. La colonia era de fundación romana y su organización era similar –en pequeña escala– a la de Roma.

La primera ciudad que Roma fundó en Hispania fue Itálica, ciudad que sería cuna del emperador Marco Ulpio Trajano y lugar donde recibió su educación su hijo y también emperador Adriano. Más tarde fundó Iliturgi, en Jaén, y posteriormente Carteia, en la bahía de Algeciras. Esta última colonia tenía por objeto ofrecer la ciudadanía romana a los hijos de soldados romanos con nativas hispanas. Otras ciudades obtuvieron el mismo privilegio a partir de la reorganización que se llevó a cabo en la época de César, como Corduba, Hasta, Hispalis y Uccubi. Augusto continuó el plan iniciado por César y dio el rango de colonia a numerosas ciudades andaluzas, entre ellas a Astigi (Ecija), Asido (Medina Sidonia), Iulia Traducta (Tarifa) y Tucci Augusta Gemella (Martos).

Puede decirse que la Bética era, sin duda, la provincia con mayor nivel de urbanización en la Península. La ciudad de los comienzos de la colonización romana estaba compuesta por edificios construidos de adobe y con otros elementos muy pobres. Más tarde, desde los inicios del siglo I a.C. se introdujeron materiales más ricos, con muros de piedra bien alineados y con adornos de mosaicos y estucos. Los restos conservados de algunas ciudades, como por ejemplo Itálica, nos permiten conocer la distribución de las casas, así como los ricos mosaicos que adornaban sus pavimentos. Testimonios literarios nos ofrecen algunas descripciones de festejos en domicilios de particulares enriquecidos que revelan el grado de refinamiento y el gusto por las obras de arte que tenían las oligarquías romanas en ciudades de la Bética.

La Betica en el Imperio

La República Romana se vio afectada en el siglo I a.C. por una serie de dificultades que dieron lugar a varias guerras civiles. Estas guerras tuvieron una considerable repercusión en Andalucía. Durante el enfrentamiento entre el dictador Sila y su opositor Mario (81-73 a.C.), un destacado seguidor de este último, Sertorio, se refugió en Hispania y junto con otros huidos de la persecución de Sila y con la ayuda de algunos pueblos de la Península, impuso su dominio y estableció un gobierno paralelo al de Roma. La muerte de Sila y el asesinato de Sertorio acabaron temporalmente con la crisis. Pero no tardaría en reproducirse el enfrentamiento entre las dos facciones de Roma, ahora encabezada por César y Pompeyo, que se convirtieron en las dos figuras más representativas del poder político y militar de Roma.

Julio César fue nombrado cuestor primero y después pretor en la provincia Ulterior en el año 69 a.C., cuando solo tenía 32 años. Desembarcó en Cádiz y desde allí llevó a cabo acciones importantes para consolidar el poder de Roma. Más tarde fue nombrado, junto con Pompeyo y Craso, para formar el llamado Primer Triunvirato. Pero el nombramiento por el Senado en el año 53 a.C. de Pompeyo como único cónsul, desencadenó de nuevo la guerra civil.

La población de Hispania se dividió en su apoyo a los dos rivales. César acudió a la Península en el año 49 para dirigir las operaciones militares y obtuvo la victoria, lo que le permitió marchar a Roma con amplios poderes y conseguir el título de dictador. Sin embargo, la mala gestión de Casio Longino, a quien César había dejado el gobierno de las provincias hispanas, obligaron a éste a retornar a la Península hasta conseguir el definitivo triunfo sobre los pompeyanos en la batalla de Munda (45 a.C.). Tras el asesinato de César por una conjuración republicana, se formó el segundo triunvirato con Octavio, Marco Antonio y Lépido. Un nuevo enfrentamiento entre los dos primeros, dejaba como único vencedor a Octavio, a quien se le concedía el título de Augusto en el año 27, inaugurándose de esta forma la época del Imperio.

La época de Augusto tiene para Andalucía una especial relevancia por cuanto la paz conseguida después de las largas guerras civiles, propiciaron una serie de reformas administrativas y económicas que afectaron a su vinculación con Roma. Por lo pronto, como se ha señalado más arriba, las dos provincias de la Hispania republicana fueron reorganizadas en tres, quedando la Bética dividida en cuatro *conventus*, o circunscripciones basadas en criterios geográficos e históricos. Uno de ellos abarcaba la zona costera y tenía como capital a Gades. Otro comprendía las tierras del bajo valle del Guadalquivir, cuya capitalidad quedó establecida en Hispalis. El tercero estaba en el curso medio del Guadalquivir, con Corduba como capital, y el cuarto en la margen izquierda del rio, con la capital en Astigi.

En esta etapa se abrieron nuevas vías y se mejoraron otras ya existentes para facilitar la comunicación entre las distintos centros urbanos y entre éstos y Roma. La antigua via Heraclea que conectaba Gades con Roma, recibiría el nombre de vía Augusta. De gran importancia era también la Ruta de la Plata, que partiendo de Hispalis comunicaba con el norte a través de Emerita Augusta. Otras calzadas comunicaban los más importantes centros económicos y administrativos del sur de la Península, de tal forma que constituían una red muy desarrollada, no sólo para facilitar los intercambios comerciales, sino para el rápido desplazamiento de los ejércitos que operaron en esta zona.

La economía de la Bética

La agricultura desempeñó un papel primordial en el desarrollo de la Bética romana. Los testimonios literarios de la época nos hablan de la feracidad del solar de la región y del verde paisaje que la caracterizaba. La

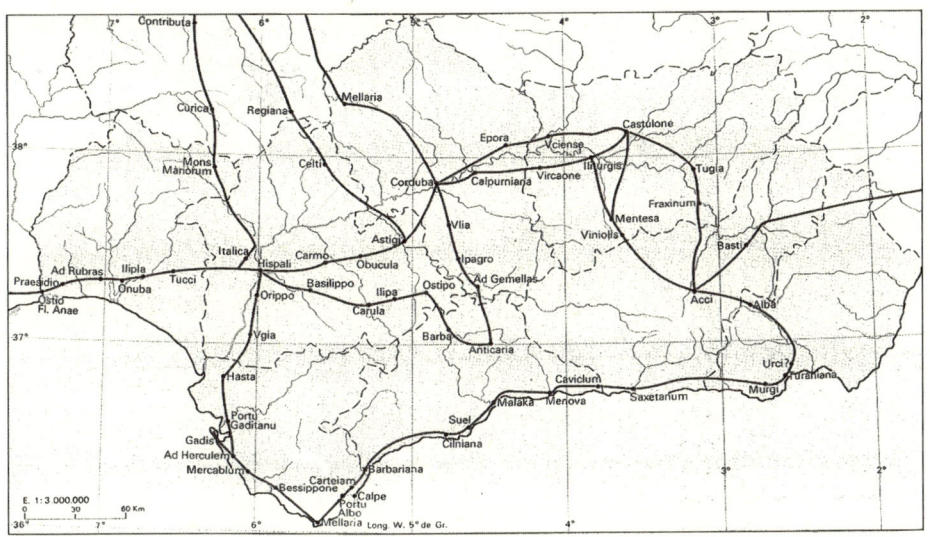

Vías romanas en la Bética, según el itinerario de Antonino

tierra no sólo estaba dividida en grandes latifundios, sino que existían también propiedades de tipo medio, en las que se cultivaba fundamentalmente con gran rendimiento la triada mediterránea (trigo, vid y olivo). Especialmente destacada fue la producción de aceite, que era exportado en tal cantidad a Roma, que se formó un monte (Testaccio) con los trozos de las ánforas rotas que transportaban este producto desde la Bética. La importancia de la producción de cereales queda constatada por la existencia de silos en el valle del Guadalquivir, o en los molinos manuales o de tracción animal.

La unidad de explotación era la villa, que constaba de una edificación y de su correspondiente extensión de tierra cultivada con productos semiespecializados y a veces acompañada de algún tipo de ganado. El autor gaditano Columela hace referencia a la producción de lana conseguida por un pariente suyo al cruzar en Gades ovejas itálicas y africanas.

Existía también una notable actividad pesquera que se tradujo en el nacimiento de una industria de salazón, uno de cuyos exponentes más claros es la relevancia de una ciudad como Baelo Claudia. Situada en las inmediaciones del Estrecho de Gibraltar, este asentamiento mantenía ya una cierta actividad pesquera, cuando los romanos le proporcionaron un auge considerable desde el momento en que el emperador Claudio la convirtió en cabeza de puente del ejército de cara al continente africano y le otorgó la condición de municipio. A partir de mediados del siglo I d.C. Baelo alcanzó un notable desarrollo, con un foro en forma rectangular rodeado de magníficos edificios y varios templos, y varias dependencias industriales que se dedicaban a la fabricación del *garum*, una sustancia derivada de las vísceras de varias clases de pescado y a la salazón y conservación de éste. También hay constancia de que en Carteia y en Malaca existían industrias derivadas del pescado, que se alimentaban de la riqueza de la fauna marina de la zona.

Otro sector importante de la economía de la Bética seguía siendo la minería. Los romanos continuaron las explotaciones de los yacimientos que se conocían desde épocas remotas. La riqueza de las minas de oro, plata, hierro, plomo y, sobre todo, de cobre, está documentada por Estrabón, quien señala que en ninguna otra parte del mundo podían encontrarse esos metales en tal abundancia. Durante esta época se introdujeron notables avances en las técnicas de extracción de los minerales y como muestran los hallazgos de una noria para el desagüe en Rio Tinto, o una serie de artilugios encontrados en las minas del Centenillo y en Cerro Muriano y en otros lugares de Sierra Morena. También se extendió desde el inicio de la época del Imperio el sistema de explotación de los cotos mineros de propiedad pública que se arrendaban a particulares y cuya trayectoria se ha podido seguir gracias a las marcas que se acuñaban en los lingotes de mineral. Existían también minas de propiedad privada aunque la información sobre éstas es más escasa. Solo conocemos en la Bética la denominación de algunas de ellas que hacen referencia a sus propietarios, como la Antoniana y la Samariense. El trabajo en estas minas era realizado por esclavos, por condenados a trabajos forzosos y por hombres libres asalariados, aunque existen testimonios de que también era empleada mano de obra infantil.

Parte importante de la actividad económica de la Bética romana era la producción artesanal. La artesanía estaba subordinada a las actividades agrícola y ganadera, así como a la explotación minera. La manufactura de vasos de barro para el almacenamiento y transporte de los vinos, los aceites, los salazones y las salsas derivadas del pescado alcanzó un gran desarrollo, especialmente en las zonas costeras. Muy características fueron las ánforas conocidas tipológicamente como *Dressel 20* en el valle medio del Guadalquivir, utilizadas para el envase del aceite. Para el uso doméstico eran las vajillas de cerámica de barniz rojo y con decoración vegetal, conocidas como *sigillata hispanica* y que se fabricaban en hornos situados en las afueras de las ciudades, al parecer para evitar los incendios.

Mención aparte merece también la artesanía de la construcción, dada la expansión urbanística que se produjo durante esta etapa. Los romanos introdujeron nuevas técnicas de la construcción como la mezcla de cal, arena y agua, el ladrillo y la teja. Para su fabricación en serie utilizaban hornos similares a los usados para la fabricación de vasos de cerámica. De todas formas, para las construcciones más nobles, seguía utilizándose la piedra. Entre las canteras de piedra para la construcción destacaban las de Antikaria en las proximidades de Antequera y las de granito en Guillena, que abastecían a Hispalis y a Itálica. En cuanto a las canteras de mármol, que abastecían a amplias zonas geográficas, dada su excepcionalidad, son dignas de mención las de Macael en Almería o de Almaden de la Plata.

La romanización cultural de Andalucía

Uno de los elementos más importantes y de mayor trascendencia que los romanos aportaron con su llegada fue la lengua. La incorporación de del latín como medio de comunicación de los distintos pueblos existentes en la Península, permitió que éstos pudieran expresar sus ideas y sus conceptos y darles una proyección universal, hasta entonces imposible con la limitaciones que imponían las rudimentarias lenguas nativas. Este legado que la romanización dejó en la Península constituyó, no sólo un medio para articular el territorio dominado por Roma, sino un rico patrimonio cultural del que derivaron posteriormente consecuencias culturales extraordinariamente positivas.

Al igual que la lengua, los romanos implantaron su religión en aquellos territorios en los que establecían su dominio. En Andalucía predominaba el culto fenicio en aquellos lugares a donde había llegado su colonización. Así, se practicaba el culto al dios Melkart en Sancti Petri, que era donde estaba situado su templo, y desde donde se irradiaba a los territorios aledaños. En aquellos otros lugares en donde se había impuesto la colonización griega, se practicaba el culto a divinidades como Artemis. Los pueblos indígenas seguían adorando a los elementos celestes, como el sol y la luna, o a dioses tutelares que los protegían en las guerras o ante las catástrofes naturales. Los romanos introdujeron su religión y dieron homogeneidad a las practicas religiosas que existían en Andalucía.

La religión que impuso Roma en estos territorios tenía un carácter esencialmente político. La religión estaba vinculada a la comunidad cívica, a través de la cual el individuo quedaba integrado en la sociedad y en la que ejercían los correspondientes sacerdotes. Además, mediante el culto a sus dioses se manifestaba una lealtad al Estado y al emperador. Los romanos tenían divinidades protectoras de cada una de las actividades cotidianas, domésticas, agrarias o profesionales de cualquier tipo. Sin embargo, era esencial el culto a la Triada Capitolina: Júpiter, como dios soberano del universo; Juno como diosa celeste, y Minerva como diosa de las actividades artesanales. En los foros de las principales ciudades de la Bética, como Hispalis o Baelo, hay constancia de la construcción en sus respectivos foros de templos capitolinos.

No obstante, la religión de los romanos poseía también tal grado de flexibilidad que podía asimilar y adaptar a otras divinidades sin que por ello dejase de ser fiel a sus tradiciones. Eso fue lo que ocurrió con el dios Melkart de los fenicios, que fue recogido por los romanos y transformado en Hércules, asimilado a su vez al Heracles griego.

El culto al emperador adquirió en la Bética un relieve especial. Muchas de las estatuas encontradas en las excavaciones arqueológicas debieron ser objeto de culto, como la de Trajano encontrada en Itálica, o la de Claudio en Baelo.

La preocupación por la muerte y la vida del más allá entre los romanos, se pone de manifiesto en la riqueza y la importancia de las necrópolis andaluzas, de entre las cuáles, destaca la de Carmona.

Otras religiones procedentes de Oriente alcanzaron notable difusión por el Imperio y entre ellas llegó el cristianismo. Algunas tradiciones de escasa credibilidad hablan de la presencia en Hispania de los apóstoles San Pablo y Santiago. Sin embargo, parece que el cristianismo llegó a la

Península desde África y uno de los testimonios más fidedignos de la presencia del cristianismo en Andalucía es el del martirio de las Santas Justa y Rufina en Sevilla en el año 287 d.C.

La huella más palpable de la romanización andaluza la constituyen los múltiples restos arqueológicos de monumentos, estatuas, lápidas y otros objetos artísticos que han llegado hasta nuestros días desafiando la erosión natural del paso del tiempo y la labor destructiva de tantos desaprensivos que no han tenido ningún escrúpulo a la hora de saquear los yacimientos. Basta visitar los museos Arqueológicos de Sevilla, Cádiz y Córdoba, entre otros, o las ruinas de Itálica, Baelo, o Carteia, para tomar conciencia de la riqueza artística que desplegó la cultura romana en la Bética.

Aunque resultaría imposible en un historia tan breve hacer referencia a todas y cada una de las obras artísticas sobresalientes que se conservan de la época romana, si puede resultar ilustrativo hacer mención de algunas de las más representativas. No podría faltar en una selección como ésta las estatuas de Diana cazadora y de Venus, junto con el desnudo de Trajano, encontrados en Itálica, la cabeza de Hispania, resto de un busto hallado en Mulva, ni la estatua de cuerpo entero de Livia, representada como Abundantia, y hallada en las afueras de Baena. Entre los monumentos, son de destacar el anfiteatro de Itálica y el conjunto del foro de Baelo.

El Bajo Imperio y los visigodos

La decadencia de Roma se inició durante la etapa del emperador Diocleciano, a finales del siglo III. La presión en la frontera del Imperio por parte de los bárbaros del Norte y la fragmentación del poder para mejor atender a todas las partes de su inmenso territorio, comenzó a agrietar su fortaleza. Aunque se volvió a llevar a cabo la unificación del poder en varias ocasiones, el paso de la centuria señalaría la intensificación de un proceso de desmembración, ya irreversible.

Diocleciano procedió a establecer una nueva división territorial y administrativa del Imperio en el que Hispania formaba una diócesis en la que se incluía la provincia de la Bética. Córdoba era la capital de esta provincia y a Hispalis le fue asignada la capitalidad de la *Diocesis Hispaniarum*. La suprema autoridad de la diócesis recaía en el vicario, quien tenía bajo su jurisdicción a los gobernadores provinciales. Esta reforma no tenía otro objetivo que el de obtener una mayor eficacia fiscal.

Durante el Bajo Imperio, la Bética se mantuvo al margen de los problemas provocados por la fragmentación de los dominios de Roma, aunque se registró un éxodo de los centros urbanos al campo, que no era más que reflejo de la inquietud política que provocó la crisis del Imperio. No obstante, el comercio en las zonas costeras experimentó un auge considerable y la agricultura conoció una notable pujanza. Fue ésta una etapa en la que se consolidó el cristianismo en toda la región, como testimonian los numerosos sarcófagos y restos arqueológicos datados en esas fechas. Otra muestra inequívoca del peso que llegó a alcanzar el cristianismo fue el hecho de que el obispo de Córdoba, consejero de Constantino, llegase a presidir el concilio ecuménico de Nicea (325). A este concilio asistieron además un considerable número de obispos procedentes de las ciudades de la Bética, lo que pone de manifiesto, no sólo la intensa romanización de la región, sino la importancia de su cristianización.

La crisis del Imperio Romano posibilitó que a comienzos del siglo V los pueblos bárbaros del norte atravesasen sus fronteras para llegar hasta la Península Ibérica. Los pueblos suevos, vándalos, alanos y silingos se repartieron por el territorio hispano. Los vándalos y silingos se asentaron en la zona de la Bética hasta que, después de varios enfrentamientos con las tropas romanas, decidieron trasladarse al norte de África. Por su parte, los visigodos, expulsados de las Galias por los romanos, entraron en la Península a partir del año 415. Mediante un acuerdo con los propios romanos comenzaron a llevar a cabo una liberación de todo el territorio de Hispania de los otros invasores que acababan de asentarse en su suelo. Sin embargo, los visigodos no dejaron notar su presencia en la Bética hasta que, para evitar el peligro que suponía la amenaza de los bizantinos en el norte de África, atravesaron el estrecho de Gibraltar y pusieron sitio a la plaza de Ceuta. Allí fueron estrepitosamente derrotados y tuvieron que volver a la Península. La defensa contra los bizantinos tuvo que limitarse al establecimiento de sus guarniciones en la región andaluza.

muerte de Recaredo, sus sucesores Liuva II, Witerico y Gundemaro lucharon inútilmente para expulsar a los bizantinos de la Península. Sin embargo, hasta el año 612 en que subió al trono Sisebuto, no consiguieron los visigodos desalojar del territorio a los bizantinos mediante un pacto con su gobernador Cesario, que sería ratificado en Constantinopla por el propio emperador Heraklio. Además de sus éxitos en el terreno militar, Sisebuto prestó una gran atención a la cultura de su tiempo y encargó a Isidoro de Sevilla la obra *De natura rerum*. Durante su reinado tuvo lugar el II Concilio Hispalense presidido por este obispo sevillano.

Suintila sucedió a Sisebuto y con él se consiguió la definitiva unión del territorio hispano bajo la monarquía visigoda, recogido por Isidoro de Sevilla en su obra *Historia Gothorum*. Hasta la guerra civil de los hijos de Witiza, Andalucía se convirtió en un *ducatus*, o circunscripción administrativa, que quedó bajo la autoridad de un dux radicado en Córdoba. Precisamente, fue contra el dux de la Bética, Rodrigo, contra quien se levantaron los hijos de Witiza, muerto en el año 709, y provocaron la intervención de los musulmanes, cuya presencia abriría una nueva etapa histórica en Andalucía.

Esta etapa última etapa visigótica en Andalucía se desarrolló bajo el dominio de la Iglesia, cuyos obispos jugaron un papel destacado en la celebración de los concilios toledanos. Tanto Leandro, como, sobre todo, su hermano Isidoro, convirtieron a la sede sevillana en un foco cultural de gran importancia y produjeron obras de repercusión universal. Sin embargo, hay que señalar que la presencia visigótica en Andalucía fue muy escasa, ya que siguió prevaleciendo abrumadoramente la población hispanorromana. Los elementos más destacados de entre la población visigoda pertenecían a la nobleza y poseían grandes dominios territoriales. En cuanto a la economía, la agricultura continuaba siendo la base de su producción. El aceite, los cereales y los productos de la huerta, eran los cultivos más sobresalientes. La producción artesanal no debió alcanzar mucha importancia, aunque se han hallado algunos restos aislados, como el tesoro encontrado en Torredonjimeno, en la provincia de Jaén, compuesto por varias piezas de orfebrería.

La Andalucía musulmana

Andalucía recibió su nombre a partir de la presencia del Islam en el sur de la Península, la cual se inició a comienzos del siglo VIII. Esta larga etapa histórica que tuvo una duración de ochocientos años, produjo un efecto en la región del que todavía se conservan importantes restos monumentales, amén de las influencias culturales, artísticas y de comportamientos colectivos, que aún perduran en el pueblo andaluz. Por otra parte, conviene también precisar que la denominación de al-Andalus se refería en un principio a todo el ámbito de la conquista musulmana en la Península y no solamente a su parte meridional –a lo que hoy conocemos por Andalucía– por donde se inició la invasión del siglo VIII y terminó la reconquista cristiana en el siglo XV.

Sin embargo, el peso y la importancia del elemento musulmán medieval en la conformación de la identidad andaluza ha sido y sigue siendo una cuestión sujeta a polémica entre historiadores y quienes quieren utilizar la historia para apoyar unos argumentos que más tienen que ver con reivindicaciones de carácter político que con el análisis riguroso del pasado. En efecto, hay quienes consideran que la verdadera esencia de lo andaluz hay que basarla fundamentalmente en su pasado musulmán, de donde se han rescatado enseñas y personajes que han pasado a convertirse en símbolos de la Andalucía actual, relegando a un segundo plano otros rasgos de su identidad acuñados en diferentes etapas de su dilatada historia. Así, se olvida algunas veces que la población musulmana que se asentó en la Península constituyó una minoría frente a los nativos de origen hispanorromano, con los cuáles fue fundiéndose, hasta dar lugar a la población andalusí. No obstante, siguió existiendo un sector de mozárabes –cristianos bajo dominio musulmán– al menos hasta el siglo XII en que empezaron a desaparecer a causa de la emigración o de la asimilación con la población árabe. A medida que avanzaba la conquista cristiana, esta población andalusí que quedaba bajo su dominio se fue transformando, o bien en mudéjar, o bien en morisca si es que aceptaban el bautismo. Con todo, los territorios andaluces fueron vaciados de mudéjares con la Conquista y repoblados con gentes procedente del Norte.

La conquista de al-Andalus

La llegada del Islam a la Península Ibérica está envuelta todavía hoy en una nebulosa que nos impide precisar con rigor las circunstancias que la hicieron posible. Escasean las fuentes de la época y por consiguiente resulta difícil distinguir la leyenda de la historia. Conocemos, no obstante, la expansión que había experimentado el imperio musulmán gobernado desde Damasco por el califato Omeya a principios del siglo VIII. Sus conquistas le habían llevado hasta el norte de África y a las puertas del Estrecho de Gibraltar. El pueblo beréber, que habitaba esta zona del Magreb se vio sometido a los invasores árabes y se sumó a esta tendencia expansiva, que ahora afrontaba el paso hacia el sur de la Península. En el año 711, el beréber Tariq ben Ziyad, al mando de una expedición de 7.000 hombres desembarcó en la parte norte del Estrecho, en la montaña que recibió su nombre (Yabal Tariq, más tarde Gibraltar), y derrotó en la batalla de Guadalete al ejército visigodo del rey Rodrigo que le había salido al encuentro.

En este episodio tuvieron una oscura intervención el conde don Julián, gobernador de Ceuta, que gozaba de una cierta independencia, y los hijos del rey visigodo Witiza, quienes consideraban que don Rodrigo les había desposeído injustamente de sus derechos al trono. Uno y otros, sintiéndose despechados, alentaron a los musulmanes para que llevaran a cabo la invasión de la Península. Sea o no cierta esta versión de los hechos, la realidad es que el reino visigodo estaba atravesando por aquellos momentos una crisis, que facilitó la llegada de estos pueblos procedentes del norte de África y la implantación de una nueva sociedad que vendría a imponerse a la existente hasta entonces.

Después de la batalla de Guadalete, Tariq siguió avanzando hacia el norte, ocupando varias ciudades de la Bética, como Medina Sidonia, Morón, Carmona, Sevilla y Córdoba, para dirigirse seguidamente a Toledo. La llegada de Musa ben Nusayr, gobernador árabe del Noroeste de África, a la Península en el año 712 al frente de un ejército de 18.000 hombres, señaló el comienzo de la consolidación de la presencia musulmana. Musa repartió tierras entre sus soldados y practicó una política independiente de los dictados de Damasco. Fue llamado por el califato para que rindiese cuentas de su actuación y dejó en su lugar a su hijo Abdel Aziz ben Musa. Este continuó la labor de su padre, organizando la administración de los territorios conquistados y estableciendo un sistema de impuestos. Sin embargo, según las crónicas árabes de la época, al casarse con la viuda de don Rodrigo, Egilona, y al tratar de liberarse de la tutela del califato, se ganó la enemistad de otros jefes árabes que acabaron por asesinarle en el año 716.

La conquista de la Península se llevó a cabo con una sorprendente rapidez. La explicación de este fenómeno hay que buscarla en la habilidad que mostraron los musulmanes para ofrecer pactos y conseguir una rendición condicional de los habitantes de las ciudades. Después del asesinato de Abdel Aziz ben Musa y tras algunos intentos por parte de los jefes árabes y beréberes de mantener una cierta independencia con respecto a Damasco, el califato Omeya envió a una serie de gobernadores que se sucedieron en un corto espacio de tiempo para que controlasen los territorios de la provincia de al-Andalus desde la ciudad de Córdoba en la que establecieron la capitalidad. Los problemas principales con los que tuvieron que enfrentarse estos gobernadores fueron los derivados de las difíciles relaciones que se entablaron entre una población tan heterogénea, compuesta por cristianos, judíos, beréberes, árabes, y de sus vínculos con el poder provincial y con el califato.

Estos primeros años de la ocupación constituyen el período del califato dependiente y se prolongó hasta el año 740. La detención de la expansión del Islam en la batalla de Poitiers (732), y la crisis que conoció el califato de Damasco poco más tarde, tuvieron unas consecuencias considerables en la situación de al-Andalus. El fin del avance hacia el norte y la imposibilidad de llevar a cabo nuevas conquistas, hicieron aflorar tensiones y disputas entre los dos elementos, árabes y beréberes, que había protagonizado las expediciones procedentes del otro lado del Estrecho. Los beréberes se rebelaron contra el intento de monopolizar el poder por parte de la oligarquía árabe y comenzaron a desplazar hacia el sur a los contingentes árabes de la conquista. Para cortar esta rebelión, Damasco envió a la Península un ejército compuesto por cerca de diez mil sirios, que venció a los beréberes a orillas del Tajo.

Estas disputas tribales entre los distintos grupos de conquistadores tuvieron su origen en la ocupación del territorio y en el reparto de las propiedades y de los beneficios derivados del cobro de tributos por unos y por otros. Una vez sofocada la rebelión, quedaron establecidas unas esferas de influencia de los distintos clanes a lo largo y a lo ancho de toda la región andaluza.

El Emirato de Córdoba

La rebelión de los abasíes en el año 750 contra la familia de los omeyas, gobernantes en Damasco, provocó la huida hacia occidente de un miembro de ésta última, Abderramán, quien se estableció en al-Andalus y fue reconocido como emir independiente en el año 756. El nuevo emir, que se estableció en Córdoba, consiguió negociar un difícil equilibrio entre las distintas facciones que se habían enfrentado en la Península. Desarrolló un sistema militar, político, administrativo y cultural, que contribuyó a reforzar su poder frente a las tendencias disgregadoras que habían predominado desde el inicio de la conquista. Abderramán I reforzó sus recursos económicos, mediante el aumento de los tributos a la población mozárabe (cristianos bajo el dominio árabe) y la incautación de bienes que todavía conservaban los descendientes de los reyes visigodos. Los nuevos recursos le permitieron desarrollar una labor de construcción en Córdoba –a la que convirtió en la capital del emirato– fruto de la cual fueron la mezquita, iniciada en el año 785, o su propia residencia, el Alcázar, levantado a orillas del Guadalquivir.

Los sucesores de Abderramán I, tuvieron que enfrentarse a nuevas tensiones surgidas entre beréberes, árabes y sirios, algunas de la cuáles fueron saldadas con sangrientas represiones por parte del emirato. En el reinado del al-Hakam I (796-822) se produjeron revueltas, como la del Arrabal en Córdoba, que fueron reprimidas con dureza. Finalmente, se consiguió una relativa pacificación de al-Andalus y los mozárabes pasaron a formar parte del círculo que rodeaba al emir.

Con Abderramán II (822-852) se alcanzó un gran desarrollo del emirato omeya. El emir reforzó su poder y prestó gran atención al desarrollo de la marina para hacer frente a los ataques procedentes del mar y evitar nuevas incursiones de piratas normandos, como las que se efectuaron durante su mandato. En efecto, varios barcos vikingos ascendieron por el río Guadalquivir y atacaron y saquearon la ciudad de Sevilla durante tres días en el año 844. Un nuevo intento de ataque a la misma ciudad que los vikingos realizaron algunos años más tarde, fue rechazado gracias a las obras de defensa que se habían llevado a cabo.

La actitud de mayor intolerancia religiosa mostrada por Abderramán II, dio lugar a un movimiento conocido con el nombre de los mártires de Córdoba. Las dificultades crecientes para la práctica de su religión que encontraban los cristianos a causa de la presión del Islam y la necesidad de afirmar su identidad, dio lugar a que algunos sectores más exaltados de la población mozárabe organizaran un movimiento de resistencia. Como consecuencia de ello, algunos cristianos cordobeses fueron condenados a muerte y se extendió una ola de martirios voluntarios alentados por el clérigo Eulogio, que fue también condenado y ejecutado por su actitud provocadora de enfrentamiento a la religión islámica.

Durante los últimos años del emirato independiente se volvió a agitar la vida de la Andalucía islámica como consecuencia de una importante revuelta de los *muladíes* (hispanovisigodos convertidos al islamismo), al parecer provocada por las dificultades que seguían subyaciendo en todo el territorio para la integración de la población árabe con la población indígena. En el año 880, un joven de origen nobiliario llamado Omar ben Hafsun encabezó una revuelta contra el emirato de Córdoba, que se extendió por la zona de Málaga y Algeciras y alcanzó a las proximidades de Granada. Su intención era la de escapar a la presión que ejercía el estado árabe sobre los indígenas y la excesiva tributación a la que éstos estaban obligados a hacer frente. Después de duros enfrentamientos con el emirato, Ben Hafsun renegó del Islam para volver al cristianismo de sus antepasados.

Esta revuelta fue la más importante de las varias que se produjeron en el sur de al-Andalus durante el emirato de Abd Allah. Pero hubo otras, como la que originó la familia Banu Hayyay de Sevilla, que ejercía en esta ciudad un poder importante y trató de separarse de la dependencia de Córdoba. También plantearon un serio problema al emirato los marinos de Pechina, en la costa almeriense, que habían llegado a establecer una estrecha relación comercial con la costa magrebí e intentaron establecer una "república" marítima con carácter independiente.

Todas estas dificultades que surgieron a finales del siglo IX y comienzos del X no eran más que una prueba de la atomización de la sociedad andalusí, cuya articulación resultaba muy problemática para un Estado débil que carecía de medios para conseguir la unidad de unos elementos tan heterogéneos.

El Califato independiente

La llegada al poder de Abderramán III (912-961) significó el reforzamiento de la centralización y de la autoridad del Estado y la finalización de los movimientos de disidencia que habían caracterizado los últimos años del emirato cordobés. La primera tarea que emprendió el nuevo emir fue la de acabar con la rebelión de Ben Hafsun, y de sus hijos que la continuaron y que se habían hecho fuertes en las montañas de Bobastro. Sin embargo, hasta el año 928 no fue reducida la revuelta. Al año siguiente Abderramán III proclamó el Califato independiente con centro en Córdoba y él mismo adoptó el título de califa.

La proclamación del Califato cordobés no solo significó el restablecimiento de la autoridad sobre la mayor parte del territorio de al-Andalus, sino que abrió una etapa en la que se establecieron las bases de la cultura andalusí en el orden intelectual y artístico, de gran proyección en todo el occidente medieval. La administración quedó en manos de una serie de dignatarios, o *visires*, encabezados por un primer ministro o *hayib*, todos los cuáles estaban asistidos por una cohorte de funcionarios. El ejército fue reforzado para atender a las expediciones fronterizas contra los cristianos, y se prestó especial atención a la política africana y al mantenimiento del orden en las regiones que mostraban todavía una actitud insumisa. Para llevar a cabo esa política, era necesario aumentar los recursos económicos, y con esa finalidad Abderramán III acrecentó los impuestos, aunque los especialistas en la época, como el medievalista Pierre Guichard, reconocen que es muy difícil hacerse una idea de cómo era el sistema fiscal del Califato.

La imposición de una estructura estatal a todo el territorio andalusí, contribuyó a la integración de los distintos grupos étnicos que lo habitaban. Las diferencias, que siguieron existiendo, se basaron a partir de entonces más en la situación económica de cada uno que en su respectivo origen. Existía una elite social formada por los parientes y allegados del califa, que prácticamente monopolizaban los altos puestos de la administración y del ejército. A continuación, se distinguía el grupo intermedio de los notables, que se dedicaban al gran comercio y a las actividades económicas, o a las prácticas jurídicas y religiosas. Finalmente se hallaba el pueblo o *amma*, del que formaban parte los artesanos, los pequeños comerciantes y los trabajadores asalariados de toda clase, tanto en el campo como en la ciudad. Al margen de esta sociedad, se hallaban los esclavos que se empleaban en el servicio doméstico o en los trabajos agrícolas más duros.

Al Hakam II (961-976) sucedió a su padre y se convirtió en el segundo califa cordobés. Durante los años en los que se mantuvo en el poder, el Califato conservó el apogeo y esplendor alcanzado en la época de su padre, como pusieron de manifiesto las grandes ceremonias y fastos que se desarrollaron en torno al palacio de Medina Azahara, en las cercanías de Córdoba, cuyos restos reflejan la riqueza y el refinamiento de aquella corte.

La proximidad de los territorios del norte de África, controlados desde el califato cordobés, daban lugar a una contínua relación entre las dos orillas del Estrecho. Los jefes magrebíes enviaban con frecuencia a Córdoba contingentes para el ejército y medios económicos que eran empleados para comprar a los señores locales y financiar las expediciones militares. En el año 974, fue enviado a la sede del califato para fiscalizar el empleo de los capitales enviados desde el Magreb, Mohamed ben Abi Amir. Sus grandes dotes persuasivas, así como su notable talento, le granjearon la confianza del poderoso primer ministro del califa y le permitieron convertirse en el amante de la esposa favorita de al Hakam II. Gracias a estas conexiones, consiguió alcanzar cargos de confianza en el califato y ascender rápidamente hasta los puestos de máxima responsabilidad.

A la muerte de al Hakam II, Ibn Abi Amir intervino activamente para que se rechazase el nombramiento del hermano del califa, como pretendían algunos altos funcionarios del palacio, y proclamó en su lugar a Hisham, hijo menor del mandatario fallecido. Ibn Abi Amir se aseguró una gran influencia ante el nuevo califa y consiguió el control del ejército, erigiéndose en la figura más poderosa del califato. Organizó numerosas expediciones contra los cristianos y mandó construir una nueva ciudad, Medina Azahira, a imitación de la gran ciudad palatina construida por Abderramán III, a la que trasladó todo el aparato central del Estado. En el año 981 adoptó el nombre de Almanzor ("el victorioso por Dios") y consolidó su poder mediante el recurso a numerosos contingentes beréberes para el ejército a los que retribuyó con los nuevos impuestos que hizo recaer sobre la población. Consiguió también el apoyo de los círculos religiosos más destacados con la ampliación de la mezquita cordobesa –la última de las realizadas en el edificio–, y mediante la intensificación de la guerra santa (*yihad*) contra los infieles. Murió en el año 1002 en la cumbre de su poder y le sucedió su hijo Ab-del-Malik. Este siguió la práctica de su padre de realizar grandes expediciones contra la España cristiana, que merecieron la concesión del título de al Musaffar por parte del califa Hisham. A su muerte en 1008 fue sustituido por su hermano Abderramán Sanyul o Sanchuelo.

La acaparación del poder por parte de Almanzor y sus sucesores en detrimento del poder del califa, quien seguía detentando teóricamente la legitimidad del gobierno, creó un desequilibrio en el califato cuyas consecuencias comenzaron a notarse en los años siguientes. La crisis se desencadenó como consecuencia del nombramiento de Abderramán Sanyul como futuro sucesor de Hisham, el cual carecía de descendencia. La aristocracia omeya, que no aceptaba esta fórmula por considerar que Abderramán no pertenecía a la estirpe adecuada, organizó una revuelta en Córdoba para oponerse al nombramiento. El 15 de febrero de 1009, Hisham fue obligado a abdicar y Abderramán fue ejecutado más tarde, cuando volvió después de una de sus campañas. Los años siguientes estuvieron marcados por la crisis y la desaparición del califato. Hasta el 1031 se desarrollaron una serie de luchas entre los candidatos a la sucesión del depuesto Hisham y cundió la anarquía en Córdoba, que presenció la descomposición del poder y de la administración del califato para dar paso a los reinos taifas.

Las realizaciones califales en al-Andalus

La islamización de Andalucía fue un proceso que se inició desde el mismo momento de la conquista. En el dominio de la economía agrícola, los árabes introdujeron nuevos cultivos y nuevas técnicas que cambiaron considerablemente el panorama del campo andaluz. La aplicación de los regadíos permitió que se multiplicasen las cosechas y que la producción aumentase a un ritmo suficiente como para atender a la creciente demanda de una población urbana que era cada vez más importante. El sistema de irrigación que se utilizaba en el valle del Guadalquivir era el de la noria que extraía el agua del río para llevarla a las huertas que rodeaban a las poblaciones de sus proximidades. También se aprovechaban las aguas subterráneas mediante unos pozos de succión que estaban conectados mediante una canalización que las transportaba hacia los terrenos de cultivo.

Los cultivos más importantes seguían siendo, como en la época romana, los de la típica triada mediterránea, compuesta por el trigo, la vid y el olivo. Los árabes introdujeron un tipo de grano más duro y de calidad superior al que se cultivaba hasta entonces. También introdujeron el sorgo, que por su resistencia podía soportar bien la sequedad de las tierras andaluzas y conservarse mejor en los silos de almacenamiento. Las mejores zonas de producción de cereales se hallaban en la campiña cordobesa y en torno a Carmona y Sevilla. El grano era molido en los molinos hidráulicos que estaban situados en las orillas de los ríos. Sin embargo, a pesar del aumento de la producción, sabemos que había necesidad de importar cereal del norte de África.

El aceite constituía uno de los productos agrícolas más importantes, especialmente en la zona del Aljarafe sevillano y en los alrededores de Baena y Cabra. Su abundancia permitía la exportación de una buena parte de su producción. Por otra parte, la vid, aunque el consumo del vino estaba prohibido por la religión islámica, fue otro de los productos que experimentó una notable expansión durante esta etapa.

Los productos hortofrutícolas alcanzaron un gran desarrollo en la época califal, como atestiguan las fuentes literarias y los textos geográficos. Los árabes introdujeron algunos productos nuevos, como cierta variedad de la higuera y de la granada. Había también gran abundancia de nogales, almendros y avellanos y eran importantes los cultivos de la caña de azúcar, así como los de plantas textiles. El algodón fue introducido por los musulmanes y en el siglo XI se hallaba muy extendido por la zona de los alrededores de Sevilla, desde donde era exportado a otros lugares. La seda y la manufactura derivada de ella eran típicas de la región alpujarreña, aunque también llegaron a extenderse por la zona de Almería.

De entre la ganadería son de destacar los espléndidos caballos de raza árabe criados en las marismas del Guadalquivir.

Pero lo que resulta verdaderamente significativo durante el periodo califal en al-Andalus es el desarrollo urbanístico, ya que la ciudad pasó a desempeñar un papel fundamental en la articulación del territorio. En el centro de la ciudad se hallaba la medina, en la que se situaba la mezquita, el zoco, las alhóndigas y la alcaicería. Más allá de las murallas de la medina, se situaban los arrabales, habitados, entre otros por cristianos y judíos. La disposición de la ciudades presentaba el clásico trazado sinuoso de sus calles, con un caserío abigarrado en el que la vida se proyectaba hacia un interior que se escondía tras unas fachadas con escasas aberturas.

Durante esta etapa, destacó una ciudad entre todas: Córdoba. Por su elevada población –más de 100.000 habitantes–, por su gran extensión y por la riqueza de sus monumentos y edificios, la capital del califato se convirtió en la más importante de todo el occidente europeo. La mezquita cordobesa comenzó a construirse bajo el mandato de Abderramán I y en una primera fase su planta cuadrada tenía aproximadamente 76 metros de lado. Aunque su inspiración era, naturalmente, de influencia oriental, se aprovecharon para sus columnas las de otros monumentos romanos y visigodos. Una de sus peculiaridades más significativas es la superposi-

Mezquita de Córdoba. Interior de la Sala de oraciones de Abderramán I.

ción de dos niveles de arcos, lo que le proporciona una ligereza y esbeltez de un efecto sorprendente. La primera ampliación importante la llevó a cabo Abderramán II, quien añadió ocho naves a las doce primitivas. Abderramán III amplió el patio y construyó un nuevo minarete y al Hakam II agrandó más la sala de oraciones e hizo construir el *mihrab*, bellamente decorado con mosaicos, obra de un artista bizantino. Por último, Almanzor llevó a cabo una nueva ampliación, aunque carente de la riqueza de la fase precedente.

Frente a la mezquita estaba situado el alcázar, formado por distintos cuartos y pabellones en los que se desarrollaba la vida oficial. Pero la residencia califal más destacada es la que hizo construir Abderramán III en las proximidades de Córdoba en el año 936. Las obras duraron cuarenta años y para su construcción fueron traídos los más importantes arquitectos de Bagdad y de Constantinopla. Se utilizaron los más ricos materiales, como el mármol, el marfil y el ébano, así como los metales más preciados. Sin embargo, Medina Azahara fue destruida en el año 1013 por los beréberes partidarios de los sucesores de Almanzor, descontentos por haber sido marginados del poder. Las excavaciones realizadas en el recinto muestran la disposición del palacio en tres terrazas: la mezquita en la inferior, los jardines en la intermedia y el alcázar en la superior.

Córdoba se convirtió durante estos años en el mayor centro cultural del Occidente mediterráneo. Durante el mandato de al-Hakam II se construyó una inmensa biblioteca que llegó a reunir 400.000 volúmenes procedentes de todo el mundo. La capital del califato, merced al mecenazgo de sus mandatarios, reunió a literatos, pensadores, juristas y científicos de primera magnitud, que hicieron de ella un foco de irradiación de la cultura andalusí a todo el mundo conocido. Entre ellos destaca Averroes, filósofo, físico, jurista y teólogo y autor de numerosas obras.

Los reinos taifas

La crisis del califato dio lugar a la aparición de los reinos taifas. La guerra civil y las luchas (*fitna*) que se desencadenaron para controlar el trono califal hicieron que el poder central mantenido por la dinastía omeya se rompiese en varios estados independientes, al frente de cada uno de los cuáles se alzaron quienes contaban con más poder. El territorio andaluz se dividió entre los tres grandes grupos étnicos que habían coexistido durante la época califal: por una parte los andalusíes, por otra los beréberes y en tercer lugar los "eslavones" o esclavos de origen europeo que Almanzor había reclutado para sus ejércitos y que habían llegado a adquirir un notable peso en el califato. Los andalusíes dominaron la zona de Córdoba y Sevilla; los beréberes, la parte de Granada, Málaga y Algeciras, y los "eslavones" controlaron Almería.

En el transcurso de esta etapa, el número y los límites de estos nuevos reinos fue cambiando a causa de los conflictos internos o de los enfrentamientos entre ellos. Aunque ninguno llegó a alcanzar el título califal, sin embargo actuaron a su manera, imponiendo tributos, contratando mercenarios y desarrollando un ambiente cortesano fastuoso y lleno de ostentación.

Uno de los reinos taifas más importantes fue el de Sevilla. Para darle una apariencia de legalidad a su independencia, el cadi Ibn Abbad hizo aparecer a un falso califa. Aprovechando el parecido físico que un artesano sevillano tenía con el califa Hisham II, al que se creía muerto en extrañas circunstancias, se le hizo reaparecer en su persona. Fue una ficción que dio el resultado apetecido, ya que contribuyó a que un elevado número de familias acatasen su soberanía. Sin embargo, cuando se consolidó verdaderamente el reino taifa de Sevilla fue cuando el hijo de Ibn-Abbad, Almutadid, manteniendo la ficción de que actuaba en nombre del falso califa, llevó a cabo la incorporación al reino taifa de Sevilla de Carmona, Badajoz, Niebla y Huelva, y más tarde de Algeciras. A pesar de su aparente fortaleza, Almutadid se veía obligado a pagar impuestos a los reyes cristianos, que en aquellos momentos ejercían una gran presión sobre le territorio musulmán. Le sucedió su hijo Almutamid, que era un gran poeta, y durante los años de su reinado, Sevilla alcanzó un nivel cultural bastante considerable, que tenía como centro las estancias del alcázar, el cual acogía a una corte muy refinada. Sus dominios llegaron a extenderse desde las tierras del Algarve hasta las de Murcia.

En Granada, sus habitantes pidieron a los ziríes, que constituían un grupo tribal procedente del norte de África, que acudieran en su ayuda.

Uno de estos ziries, Habus, se hizo con el poder, practicando una política de expansión y consiguiendo importantes conquistas territoriales. Confió las tareas de administración y el manejo de las finanzas al judío Samuel ibn Nagrila, ya que carecía de personas de confianza suficientemente preparadas para estas tareas. A su muerte, le sucedió su hijo Badis, quien incorporó a su taifa parte del reino de Almería.

El desorden y las rivalidades que se desarrollaron en el territorio andalusí provocados por la crisis del califato y la ofensiva que la España cristiana comenzó a desarrollar sobre la parte meridional ocupada por los musulmanes, dieron lugar a la llegada de los almorávides a la Península.

Los almorávides y los almohades

La toma de Toledo por el rey cristiano Alfonso VI fue lo que decidió al reino taifa de Sevilla a pedir ayuda a los almorávides. Estos habían impulsado un pujante movimiento político-religioso por todo el norte de África, que predicaba la intensificación de la ortodoxia islámica y que se hallaba dispuesto a llevar a cabo la Guerra Santa.

Los almorávides llegaron a la Península en el año 1085 y, encabezados por su emir Yusuf ben Tashufin, vencieron a los castellanos en la batalla de Zalaca. Sin embargo, las disensiones de los taifas les hicieron considerar la conquista de estos reinos. Así, volvieron a territorio andalusí y se apoderaron de Granada en el año 1090 y poco más tarde de Málaga. A continuación emprendieron la conquista de la extensa taifa de Sevilla y consiguieron tomar su capital tras duros combates en 1091. Su rey Almutamid tuvo que tomar el camino del exilio y, después de peregrinar por Tánger y Meknés, murió en Agmat algunos años después.

El dominio de los almorávides sobre los territorios andalusíes se llevó a cabo mediante una ocupación militar, y la laxitud religiosa que se había extendido por algunos reinos, como el de Sevilla, fue sustituida por una rigurosa aplicación de los preceptos del Corán. Por otra parte, el incremento de las relaciones de los territorios andaluces con los del norte de África, beneficó al comercio entre las dos orillas del Estrecho.

A la muerte de Yusuf, le sucedió su hijo Ali, quien impulsó la lucha contra los cristianos, los cuáles fueron derrotados en Uclés en 1108. Alcanzó otros éxitos en diversos lugares de la Península, pero tuvo que sofocar una rebelión que surgió en la ciudad de Córdoba a causa de los desmanes cometidos por el gobernador que habían nombrado los almorávides.

Con el paso del tiempo, la ortodoxia religiosa inicial de los almorávides fue relajándose y su fortaleza militar no pudo impedir que los cristianos realizasen con éxito incursiones, ayudados por los mozárabes de los territorios ocupados por los musulmanes. Todo ello, comenzó a reflejarse a comienzos del siglo XII, en agitaciones diversas, que tuvieron como escenario, no solamente los territorios andaluces, sino también los del Magreb. Aunque trataron de reprimir estos brotes con gran dureza, la decadencia de los almorávides facilitó el ascenso del movimiento almohade, que vendría a sustituirlo a mediados del siglo XII.

Los almohades constituían un movimiento fundado por Mohamed ben Tumart, quien se proclamó Mahdi, o enviado de Dios, en el sur del Magreb y se lanzó a combatir a los almorávides a los que acusaba de corrupción y de herejía. Comenzaron su expansión por el Norte de África alrededor del año 1132, poco después de que el discípulo predilecto de Ben Tumart fuese proclamado califa. Después de dominar el Magreb, se lanzaron a la conquista de al-Andalus. En la región andaluza, el debilitamiento del poder almorávide, a consecuencia de la necesidad de atender a los problemas que habían surgido en el norte de África con los almohades, había dado lugar a lo que se conoció con el nombre de los segundos taifas. Sin embargo, los andalusíes seguían teniendo la necesidad de recurrir a alguna forma de ayuda para contrarrestar el avance de los reyes cristianos, de ahí que en su mayor parte aceptaran la ocupación almohade.

En el año 1147 los almohades conquistaron Sevilla, en el 1153, Málaga y al año siguiente, Granada. El segundo califa almohade, Abu Yuqub tuvo que atender serios conflictos en el Norte de África y enfrentarse a las dificultades que se le presentaron en la Península a causa de la ofensiva cristiana y a su escasa capacidad militar. Su sucesor, Abu Yusuf, padeció los mismos problemas, aunque consiguió la sonada victoria de Alarcos frente a los cristianos. La decadencia de la dinastía se precipitó a partir del califa al-Nasir, derrotado por el rey Alfonso VIII en Las Navas de Tolosa en el año 1212. Ni él ni sus sucesores pudieron controlar la situación interior de al-Andalus ni la fronteriza. Al imparable avance cristiano, se le añadía la rebelión de los andalusíes, quienes llegaron a formar los terceros taifas, situación que se repetía siempre que, como en esos momentos, se debilitaba el poder fuerte que los aglutinaba.

Durante esta etapa que abarca desde la llegada de los almorávides hasta la caída de los almohades se configuraron algunas de las ciudades más importantes de al-Andalus. Almería alcanzó un gran auge económico en la época almorávide, con un gran desarrollo de la artesanía de la seda, producto que exportaba a otros lugares del Mediterráneo. Por el puerto almeriense salían y entraban toda clase de mercancías, lo que proporcionaba a la ciudad un gran movimiento mercantil.

Málaga fue una de las ciudades que experimentó un gran crecimiento en la época almohade y su puerto registró también un considerable movimiento de mercancías procedentes de toda la cuenca mediterránea. Pero la ciudad que conoció un mayor auge durante esta época fue Sevilla. Los almorávides potenciaron su desarrollo urbano, pero sobre todo los almohades, que establecieron en esta ciudad su capital, fueron los que impulsaron su expansión económica. Construyeron la Torre del Oro para proteger la navegación fluvial y fomentaron la exportación del aceite que se producía en la comarca del Aljarafe. Pero de todas las obras de la etapa almohade, la más destacada fue la gran mezquita con su famoso alminar, al que más tarde se le llamaría La Giralda. El proyecto para su construcción se le encargó al arquitecto Ben Baso. Desafortunadamente, el monumento no nos ha llegado en su integridad, pues sobre él se construyó más tarde la catedral. Sin embargo, sabemos que tenía una cúpula sobre el *mihrab* y que su techumbre era de madera. Su decoración se completaba con ricos materiales como el ébano, el sándalo, el oro y el marfil. Con todo, lo mejor de la mezquita sevillana era su alminar, de una exquisitez sólo comparable a la Kutubía de Marraquech o a la torre Hassan de Rabat, con las que guarda cierta relación estilística, aunque supera a ambas en espectacularidad.

El reino nazarí de Granada

Entre los taifas que surgieron después de la caída de los almohades en pleno siglo XIII, destacó el reino nazarí de Granada. La fundación de este reino y de la dinastía que lo gobernó, correspodió a Mohamed ben Yusuf ben Nasr, que pretendía ser descendiente del Profeta. Fue proclamado emir en Arjona –población en la que había nacido– en el año 1232, se hizo con el dominio de Jaén y Porcuna y poco más tarde fue reconocido en Granada. Con su política expansionista, consiguió anexionarse Almería y después Málaga. Sin embargo, ante el imparable avance cristiano, no tuvo más remedio que ceder Jaén a Fernando III y pagarles tributos a él y a su hijo Alfonso X. Cuando el primero emprendió la conquista de Sevilla, el emir nazarí le prestó ayuda militar con soldados mercenarios que siguieron combatiendo junto a los reyes castellanos en la campaña que les llevó a la toma de Jerez, Arcos, Medina Sidonia y Niebla.

La colaboración con los castellanos le permitió salvaguardar a Mohamed I el dominio sobre Granada. Sin embargo, pronto surgieron algunos problemas en las relaciones entre ellos, cuando Alfonso X le pidió el control sobre Gibraltar para iniciar una política de dominio sobre el Magreb. El emir granadino intentó llevar a cabo también un expansión por el norte africano y trató de conquistar Ceuta en 1262 con la colaboración de los benimerines del Magreb occidental.

Mohamed I murió en 1273 y fue sucedido por su hijo Mohamed II, quien mantuvo la rivalidad con los castellanos por el control del Estrecho de Gibraltar. Mientras que el nuevo emir negociaba con el sultán benimerín Abu Yusuf, sus parientes los Abu Asqilula, gobernadores de Málaga, iniciaron una sublevación. Mohamed II se vio obligado a mantener un difícil equilibrio entre sus distintos vecinos a uno y otro lado del Estrecho y finalmente optó por llamar como aliados a los benimerines. Estos llegaron a Granada como aliados, pero consiguieron ocupar algunas plazas importantes, como Algeciras, Gibraltar y Ronda, haciendo caso omiso de los acuerdos ocasionales que el emir nazarí establecía con Castilla. La falta de sintonía entre nazaríes y benimerines jugó en beneficio de Castilla, que finalmente pudo hacerse con el control del Estrecho después de vencer a sus enemigos en la batalla del Salado en 1340.

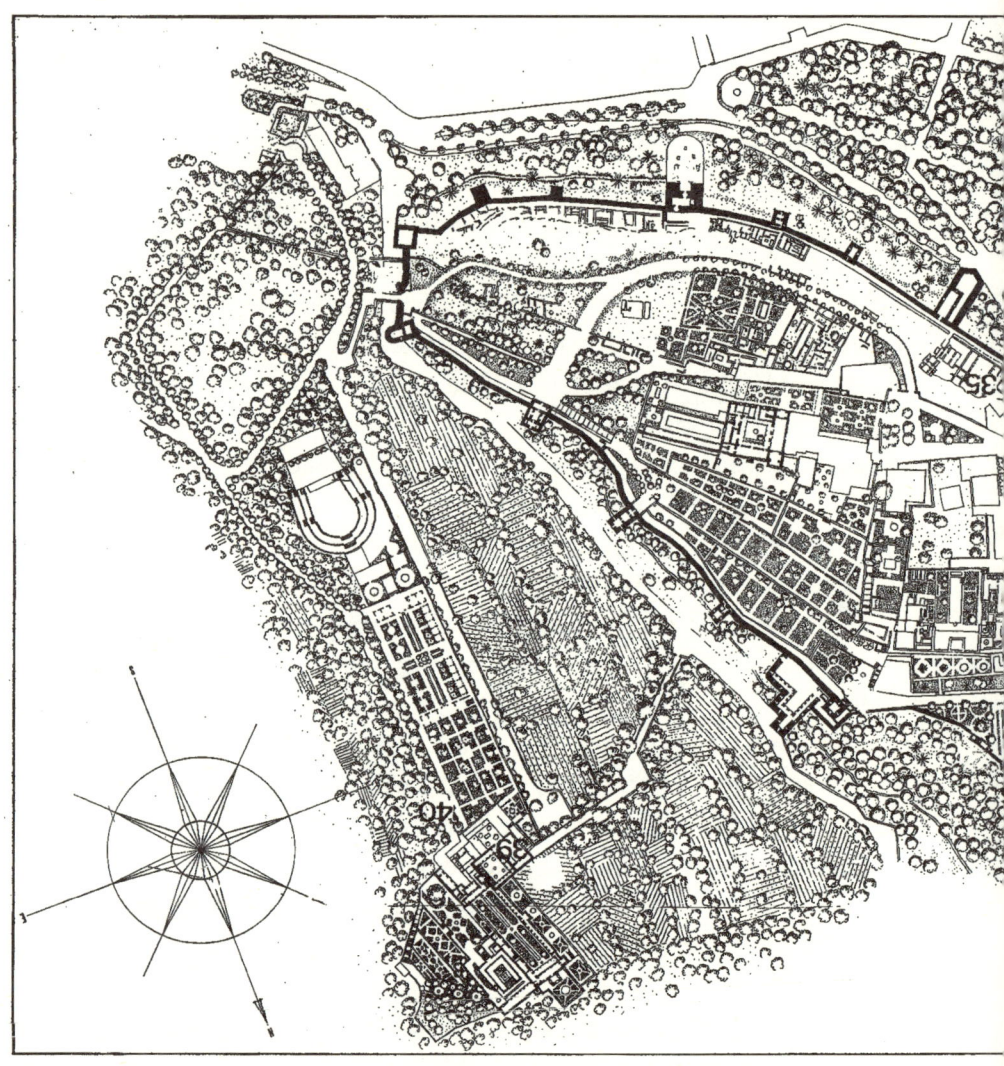

Los benimerines jugaron hasta 1374 el papel que anteriormente habían desempeñado los almorávides y los almohades, aunque no llegaron a dominar toda Andalucía a causa de la diversidad de intereses y las rivalidades existentes entre los diferentes Estados musulmanes. Sin embargo, los nazaríes de Granada supieron mantener el equilibrio entre todos, aliándose unas veces con los benimerines y otras con los castellanos, de tal manera que sobrevivieron a los conflictos permanentes de la región.

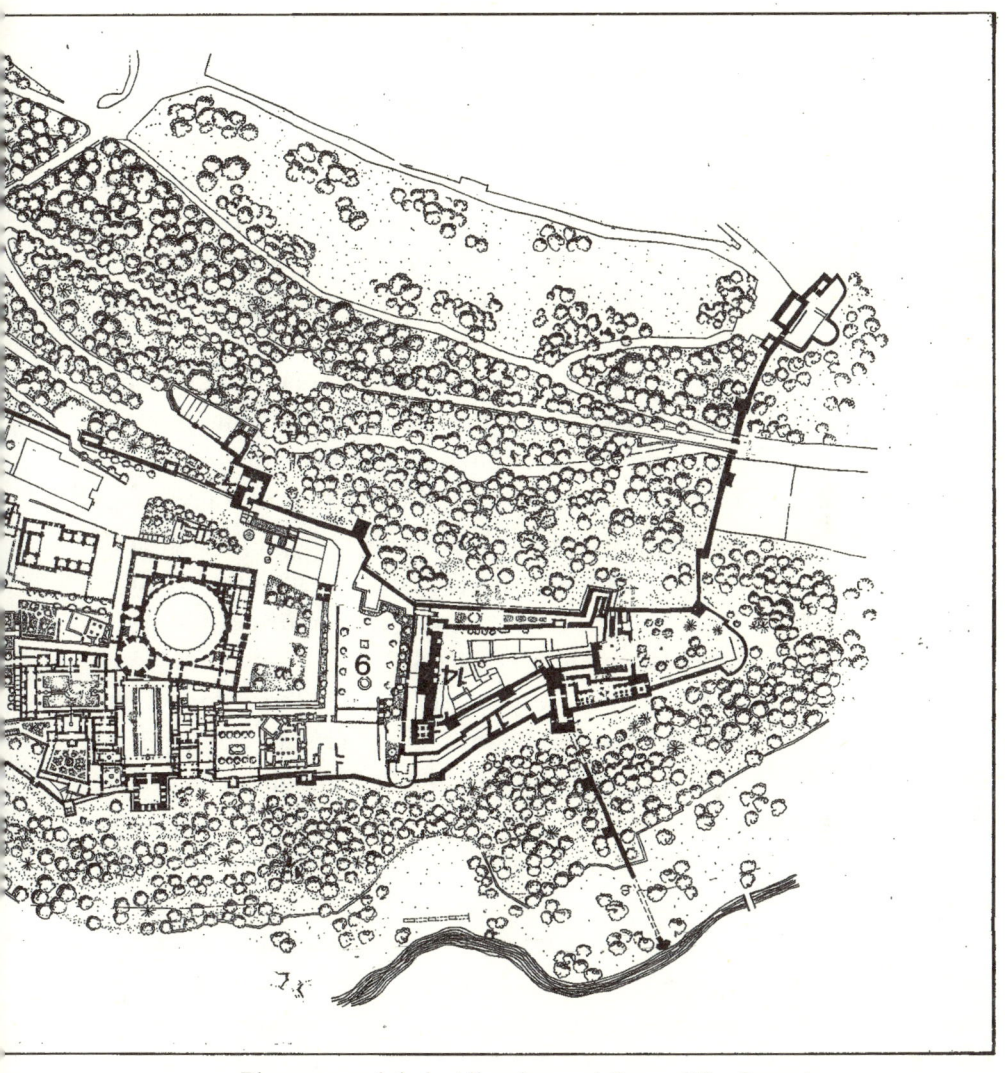

Plano general de la Alhambra y el Generalife. Granada.

Con Mohamed V (1354-1391) alcanzó su apogeo el reino nazarí de Granada, que coincidió con una crisis de los castellanos. Su relación de vasallaje con el rey Pedro I de Castilla, le llevó a prestarle ayuda en los conflictos que éste mantuvo con Aragón y en las pugnas dinásticas que caracterizaron su reinado. Pero también le permitió reorganizar su administración y reforzar sus fronteras mediante la construcción de fortalezas y atalayas. Recuperó algunas plazas importantes en las proximidades del Estrecho y llegó incluso a conquistar Ceuta durante cuatro años.

La muerte de Mohamed V dio inicio a un periodo de decadencia del reino de Granada, a causa de las continuas guerras civiles, alentadas siempre por los reyes castellanos. La lucha entre la familia de los Abencerrajes y la de los Zegríes constituye un ejemplo de lo que supusieron estas disputas en el proceso de debilitamiento del reino granadino. La crisis se acentuó en la primera mitad del siglo XIV en la que se sucedieron ocho emires, algunos de los cuáles ocuparon el poder en más de una ocasión. Las dificultades políticas y los problemas económicos acrecentaron el aislamiento de Granada con respecto al resto del mundo musulmán. Es cierto que se registró una notable recuperación durante el mandato de Muley Hacen, que reinó entre 1464 y 1482, y que incluso éste llevó a cabo alguna conquista, como la toma de Zahara, pero la unión de los reinos cristianos de Castilla y Aragón en la persona de los Reyes Católicos iba a dar lugar a una ofensiva imparable contra el último reducto de la presencia del Islam en la Península.

El Estado nazarí conoció logros espectaculares a lo largo de la dilatada etapa de su dominio. Granada llegó a alcanzar una población de 50.000 habitantes y Málaga alrededor de 15.000. Pero, sin duda, la huella más significativa que el reino nazarí de Granada ha dejado a la posteridad es la alcazaba palacio de la Alhambra. Construida en su mayor parte durante el siglo XIV en la Colina Roja (*al-Hamra*), fue la sede de los 22 sultanes desde que se instaló allí el fundador de la dinastía, Mohamed I. Fueron completándose sus edificios a lo largo de diversas etapas, sin un proyecto unitario, pero con un resultado final que culminó en uno de los complejos monumentales y artísticos más destacados del arte universal. La Alhambra está dotada de diferentes elementos urbanos, defensivos y palaciegos y de espléndidos jardines. Entre sus muchas bellezas, destacan el palacio de Comares, el patio de los Leones y los jardines del Generalife. La Alhambra granadina es, sin duda, la muestra más genuina del arte andalusí durante la época musulmana.

La Andalucía de la Reconquista

La Reconquista del territorio andaluz por parte de los reyes cristianos comenzó en el siglo XIII. La derrota de los almohades en la batalla de Las Navas de Tolosa en el año 1212 a manos de los castellanos, contribuyó al debilitamiento del Islam y al avance cristiano hacia el Sur. A esta circunstancia se añadieron las diferencias surgidas entre los norteafricanos y los andalusíes, y más tarde las tensiones entre los distintos reinos taifas, creados a partir de la desintegración almohade. Todo ello, permitió al rey castellano-leonés Fernando III consolidar su dominio sobre la Mancha y Extremadura y lanzarse a la reconquista de Andalucía. Fernando III, que había nacido en Zamora en el año 1201, fue canonizado por la Iglesia Católica en el siglo XVII.

Fernando III y Alfonso X

El monarca castellano Fernando III pasó al sur de Sierra Morena en en año 1224 y después de saquear Quesada dirigió su campaña hacia la zona de Jaén y Granada, tomando algunas plazas de gran valor estratégico. Sin embargo, su labor sistemática de conquista se llevó a cabo a partir del momento en que se produjo la unión de Castilla con León, en 1230. Rodrigo Jiménez de Rada, arzobispo de Toledo, contribuyó a esta ofensiva en colaboración con la Corona, mediante la conquista de la cabecera del Guadalquivir, estableciendo así el Adelantamiento de Cazorla, que se convirtió en señorío de la sede toledana.

La conquista de Córdoba tuvo lugar en 1236, y se desarrolló sin mayores dificultades, ya que la ciudad se hallaba mal guarnecida. Las consecuencias de este éxito militar fueron considerables, ya que la capitulación de la que había sido capital del mundo islámico en la Península, constituiría un golpe moral muy duro para los que trataban de defenderse ante el avance cristiano. Diez años más tarde, cayó Jaén, y sus habitantes fueron sometidos como vasallos de Fernando III y obligados a pagar las *parias*, o tributos correspondientes.

Una vez dominada la cuenca superior del Guadalquivir, Fernando III se dispuso a emprender la conquista de Sevilla. Se apoderó primero de Carmona, Lora, Cantillana y Alcalá del Río, que eran poblaciones de su entorno, lo que le permitió situar a su ejército en las proximidades de la ciudad. Sin embargo el asedio tuvo que prolongarse durante dos años, en el transcurso de los cuales se talaron bosques y se ganaron algunas otras poblaciones de los alrededores. La acción decisiva se emprendió con la ayuda del almirante Bonifaz, quien remontando el río Guadalquivir con sus naves, rompió el puente que unía Sevilla con el arrabal de Triana, cortando así su abastecimiento procedente de la zona del Aljarafe. El hambre precipitó la rendición de la capital y Fernando III entró en Sevilla el 22 de diciembre de 1248. Después de esta conquista, otras poblaciones se entregaron sin resistencia, ocupándose así prácticamente todo el valle del Guadalquivir, además de otras ciudades de la comarca del Guadalete, como Jerez, Medina Sidonia y Vejer de la Frontera.

Cuando Alfonso X, llamado el Sabio, sucedió a su padre, continuó su política de ampliación de la Andalucía cristiana. Conquistó ciudades como Niebla, Ecija, Morón y Cádiz, e incluso mandó remozar las atarazanas de Sevilla para que se construyesen naves con el objeto de preparar una expedición al norte de África. Sin embargo, la actitud de este monarca con respecto a los mudéjares que siguieron habitando en la zona conquistada, cambió radicalmente. Al contrario de lo que había permitido su padre, Alfonso X procedió a su expulsión, y esta medida, junto con el cierre de la salida al mar de toda la zona ribereña al río Guadalete, provocó la revuelta mudéjar de 1262. Los moros de Jerez, Arcos, Lebrija, Utrera y otras poblaciones se levantaron contra el dominio cristiano, y en algunas de ellas triunfaron momentáneamente. Sin embargo, la reacción fue rápida y contundente y, una vez reprimida la revuelta, se procedió a la expulsión de todos los mudéjares al reino de Granada, o bien al norte de África.

A partir de ese momento es cuando se puede decir que la población musulmana desapareció de estas tierras, y la huella de su permanencia durante cinco siglos sólo quedó reflejada en los monumentos que continuaron en pie y en la memoria histórica de unos tiempos que, sin duda, han pasado a formar parte del patrimonio andaluz hasta nuestros días.

Los problemas en los territorios dependientes de la Corona de Castilla surgieron con motivo de la sucesión de Alfonso X, ya que su primogénito Fernando de la Cerda había muerto en 1275 y según las *Partidas*, mandadas redactar por el rey Sabio, el trono le correspondía a los hijos de éste, los llamados infantes de la Cerda, que eran todavía menores de edad. Sin embargo, el segundo hijo de Alfonso, Sancho reclamó sus derechos y fue apoyado por una parte de la nobleza. El enfrentamiento entre padre e hijo dividió a los castellanos y Alfonso X se vio abandonado por todos, excepto por la ciudad de Sevilla que le permaneció fiel. Murió en 1284 y en su último testamento proclamaba herederos a los infantes de la Cerda. Sin embargo su voluntad no fue respetada y le sucedió su segundo hijo Sancho IV.

La amenaza sobre los territorios recién conquistados en la Península no se despejaría del todo hasta que no se controlasen las plazas que quedaban en las proximidades del Estrecho y también las poblaciones claves del norte de África. Al fin y al cabo, ésta había sido la estrategia de todos cuantos tomaron posesión de esta región a lo largo de la Historia, y quien dominaba una orilla del Estrecho tendía también a dominar la otra. Además, la prueba de que el peligro no se había desterrado es que los norteafricanos volvieron a saquear las poblaciones situadas en la cuenca del río Guadalete. Sancho IV preparó una ofensiva en una campaña que ha sido conocida como la batalla del Estrecho para la que contó con la colaboración de algunas galeras genovesas. En 1292 se tomó Tarifa que fue luego asediada por los benimerines y heroicamente defendida por Alfonso Pérez de Guzmán. Al año siguiente murió Sancho IV y durante el corto reinado de su hijo, Fernando IV, poco se avanzó en los proyectos de conquistar la importante plaza de Algeciras. Su sucesor, Alfonso XI (1312-1350) tuvo que debatirse durante los primeros años de su reinado entre la ambición de los regentes que asumieron el poder durante su minoría y las intrigas nobiliarias. Cuando fue proclamado mayor de edad, consiguió poner paz en el reino y concentrar sus esfuerzos en la Reconquista. Después de algunas escaramuzas, consiguió reunir a un poderoso ejército y con la ayuda de Alfonso IV de Portugal derrotó a los musulmanes en las orillas del río Salado el 30 de octubre de 1340. Finalmente, después de un largo asedio, en 1344 caía en su poder la plaza de Algeciras.

A partir de esos momentos, se consiguió una estabilización de la región andaluza, en la que por una parte el reino de Granada, en poder de los nazarís, se vio libre de la presión desestabilizadora de los benimerines, y por otra los cristianos conseguirían un notable desarrollo económico y cultural.

La repoblaciones

La conquista de los territorios andaluces por los ejércitos cristianos exigía un inmediato trasvase de población procedente del norte para consolidar el éxito del avance sobre las posiciones musulmanas. Eso significó que durante el siglo XIII la población islámica andalusí fue sustituida en su casi totalidad por otra de procedencia castellana, y que su sistema social y de civilización tuvo que ceder su lugar al europeo medieval imperante en el resto de los territorios cristianos.

La repoblación se llevó a cabo mediante los repartimientos de bienes rústicos y urbanos entre las personas que habían participado en las campañas y los repobladores que aceptaron instalarse en una zona conflictiva, como era lógicamente una tierra de frontera en la que el enemigo era una amenaza permanente. El mismo procedimiento que se utilizó en Andalucía occidental a partir del reinado de Fernando III, se había aplicado ya antes en otras regiones castellanas más al norte a medida que la Reconquista fue avanzando hacia el sur.

Los repartimientos requerirían una cuidadosa preparación y un riguroso control para organizar un extenso territorio que había que ocupar con celeridad, una vez incorporados a la Corona castellana. Según el profesor Julio González, que fue el iniciador de estos estudios sobre la repoblación, existían varias modalidades que fueron practicadas a lo largo del proceso de la conquista. En un principio, se consiguieron algunas plazas mediante acuerdos con los mandatarios musulmanes. En ese caso, los musulmanes podían quedarse en sus lugares de residencia y el repartimiento solo se llevaba a cabo con los bienes de los huidos o emigrados. Posteriormente, se produjo la conquista por la fuerza de las armas. Aquí, los vencidos, de acuerdo con las prácticas militares usuales perdían todas sus propiedades en favor de los vencedores. Más tarde, llega la conquista de ciudades importantes, que se entregan mediante una capitulación. Esta modalidad implicaba la salida de sus antiguos residentes con todos sus enseres y bienes muebles; sin embargo perdían sus bienes raíces, que pasaban a manos del conquistador. Por último, la firma de un pacto entre ocupantes y conquistadores, mediante el cual, los primeros entregan las fortificaciones para evitar los efectos negativos del enfrentamiento, tenía los mismos consecuencias que la primera modalidad, es decir que se respetaba la propiedad de los musulmanes.

La mayor parte de los repartos de bienes que se llevaron a cabo afectaban a los bienes rústicos y el fenómeno trajo consigo una renovación de la propiedad de la tierra como nunca antes se había producido. Los repartos podían hacerse en forma de donadío o de heredamiento. En el primer caso, los beneficiarios no contraían ninguna obligación especial, salvo, en todo caso, el de no venderlos o traspasar su propiedad sin autorización de la Corona. Los había de mayor riqueza y extensión, los que, en general, se entregaban a los familiares del rey o a aquellos nobles que más se habían destacado en la conquista, y de menor entidad, que iban a parar a la pequeña nobleza. Los heredamientos eran los bienes que iban a parar a los repobladores propiamente dichos y se les requería que residiesen en ellos de forma estable. No podían vender o traspasar esta propiedad hasta pasado algún plazo, que oscilaba entre los cinco y los doce años, ya que a ellos correspondía esa labor de consolidar la presencia cristiana en la tierra recién conquistada y su defensa frente a posibles incursiones musulmanas.

No existen datos que nos permitan evaluar el volumen de las tierras repartidas en toda la región occidental de Andalucía, pero por la información que nos ha llegado a través de los libros de repartimiento de algunas localidades, estudiados por el profesor González Jiménez y por sus continuadores, debió ser muy elevado. En cuanto al número de repobladores, se puede afirmar que los grandes centros urbanos recibieron un número considerable de ellos, mientras que la cantidad fue más modesta en las pequeñas poblaciones. En Sevilla, por ejemplo, se ha calculado que se establecieron 4.800 vecinos tras la conquista de la ciudad y en Jerez, alrededor de 1.800. Sin embargo, en Alcalá de Guadaira se asentaron sólo 56, y en Vejer 176. Estos nuevos pobladores de Andalucía eran en su mayoría procedentes de los reinos de Castilla y León, y el resto de Aragón, Navarra y otros lugares.

Los repobladores tuvieron que afrontar momentos difíciles a causa de las complicaciones internas del reino castellano, especialmente las disputas entre Alfonso X y Sancho IV, y de los ataques de los benimerines. Algunos abandonaron y volvieron a sus lugares de origen. Asimismo, estas dificultades hicieron desistir a otros potenciales repobladores que, sabedores de la dureza y la inseguridad de la vida en la frontera, renunciaron a las ventajas que se les ofrecían. Eso explica que a finales del siglo XIII se levantaran quejas sobre la despoblación de Andalucía y sobre la necesidad que existía de atraer a nuevos vecinos. De hecho, la población se estancó en Andalucía y se encontró con falta de mano de obra para explotar sus tierras.

Andalucía, tierra de frontera

Cuando Fernando III acabó la conquista de los territorios andaluces, los dividió en tres reinos: Jaén, Córdoba y Sevilla. Nunca estuvo entre los propósitos del rey Santo la creación de una unidad administrativa de Andalucía, como ya existía para Castilla, León, o Galicia. Seguramente el proceso cronológico de la conquista, los rasgos uniformes de cada uno de estas demarcaciones, o la necesidad de atender eficazmente la seguridad de la frontera, contribuyeron a hacer prevalecer este criterio.

La incorporación de una gran parte de la región andaluza a la corona de Castilla significó la rápida transformación de su sociedad, que adquirió los rasgos europeos cristianos propios de los hombres y las mujeres que la repoblaron. Aunque es indudable que persistieron algunas peculiaridades características de unos territorios que habían permanecido durante siglos bajo dominación musulmana, se impuso en poco tiempo la estructura feudo-estamental que prevalecía en todo el reino de Castilla, del que Andalucía pasó a formar parte.

La nueva realidad andaluza se configuró sobre unos moldes eminentemente agrarios, de tal manera que ese carácter marcaría en lo sucesivo su personalidad durante las etapas venideras. En efecto, la conquista acentuó el ruralismo de la región, que perdió en parte la impronta urbana que había alcanzado durante la etapa musulmana. La guerra había afectado a la economía agraria, en tanto que la necesidad de agotar los recursos de los enemigos llevó a los contendientes a devastar los campos y a provocar destrozos que costó tiempo reparar. Así pues, el retroceso de los cultivos dio lugar a la expansión de una vegetación espontánea y a la proliferación de una fauna salvaje muy apta para el ejercicio de la caza, a la que tanta afición demostraron algunos reyes castellanos. Los jabalíes, los lobos, los ciervos y hasta los osos, poblaron las zonas de monte alto y de monte bajo que habían sido abandonadas durante el desarrollo de las campañas militares.

Los repartimientos, a pesar de lo que se ha afirmado con frecuencia, no fueron el origen del latifundismo en Andalucía, puesto que la documentación analizada por los medievalistas ha puesto de manifiesto que también hubo muchos beneficiarios de este proceso que recibieron pequeñas y medianas propiedades, que en su conjunto supusieron más del 80 por cien de las tierras repartidas. Ahora bien, es cierto que en los años siguientes, y a pesar de las disposiciones que lo impedían, se produjo una venta importante de tierras por parte de estos nuevos propietarios, lo que dio lugar a la creación de grandes patrimonios territoriales por parte de las familias más poderosas, como los Ponce de León, Fernández de Córdoba o Pérez de Guzmán.

En cuanto al tipo de cultivos que se desarrolló en esta etapa, no se produjeron muchos cambios con respecto al periodo anterior. Como ha afirmado el destacado medievalista Ladero Quesada, la agricultura andaluza durante la Baja Edad Media es más producto de la continuidad de las realidades agrarias propias del mundo mediterráneo que de la herencia islámica. En efecto, el cultivo de los cereales, la vid y el olivo, continuaron siendo el eje de una economía agrícola que no sufrió grandes transformaciones con el cambio de situación. En todo caso, habría que hablar de un aumento de la producción vinícola como consecuencia de los diferentes hábitos alimentarios de los nuevos pobladores y de una disminución de los cultivos de regadíos.

Las tierras andaluzas registraron la presencia, a partir de la conquista, de los ganados transhumantes procedentes del Norte. Ello implicó la implantación en Andalucía de la poderosa organización de la Mesta que regulaba y controlaba todo lo relativo a la producción y el comercio de la lana. Sin embargo, hay indicios que hacen suponer la creación de algunas mestas locales con competencias sobre los ganados de sus respectivas poblaciones. Algunos han radicado en Andalucía el origen de la oveja merina, producto del cruce entre las ovejas norteafricanas y las peninsulares y cuya lana alcanzaría un prestigio considerable en los telares europeos por su elevada calidad.

La riqueza pesquera del litoral andaluz fue objeto de regulación en lo que se refiere a la pesca del atún y el sistema de las almadrabas por el que se llevaba a cabo su captura en el litoral gaditano fue concedido a finales del siglo XIII por la Corona al linaje de los Pérez de Guzmán.

La producción artesanal se centraba en la ciudades y durante la Baja Edad Media careció de importancia, ya que se limitaba al abastecimiento local y no existieron talleres dedicados a la fabricación de productos destinados a la exportación. Fueron significativas, no obstante, las manufacturas reales para la fabricación de jabón –las almonas– y las atarazanas, para la fabricación de naves, ambas localizadas en Sevilla.

Los nuevos andaluces

La nueva sociedad creada a partir de la Reconquista surgió con un sello que venía determinado por las circunstancias en la que tenía que desenvolverse, dado que Andalucía siguió siendo una tierra de frontera hasta que se llevó a cabo el desalojo definitivo de los musulmanes del reino de Granada a finales del siglo XV. Es necesario tener presente lo que significaba la amenaza constante de la guerra para comprender mejor el tipo de organización social que se impuso en las tierras recién conquistadas. En términos generales, puede decirse que se estableció la sociedad estamental que se había configurado en el resto del reino castellano, pero con las peculiaridades propias que las circunstancias anteriormente citadas imponían en la región andaluza. La sociedad estamental, que se configuró durante la Edad Media, era eminentemente funcional. Cada grupo social tenía una serie de funciones perfectamente establecidas. La nobleza era el brazo armado de la sociedad y la que tenía la función de defenderla con las armas. A cambio, se le reconocía el privilegio de ser sostenida por el conjunto de la sociedad y de no pagar impuestos. El estamento eclesiástico era el encargado de instruir a la sociedad. La atendía espiritualmente y transmitía la cultura. A cambio, también era sostenida por ella y no pagaba impuestos. Por último, el estado llano, o los pecheros, que debían ser defendidos e instruidos, pero a los que se les obligaba a sostener con sus tributos a los nobles y a los eclesiásticos.

Esta ordenación social, que alcanzó un reconocimiento jurídico, se vio caracterizada en Andalucía por el hecho de que los nobles se preocuparon más de ampliar sus privilegios y su poder que de atender a sus obligaciones con el resto de la colectividad. De todas formas, la nobleza andaluza no comenzó a alcanzar importancia y notoriedad hasta finales del siglo XIII y comienzos del XIV, que es cuando aparecieron los grandes linajes, como el de los Pérez de Guzmán, fundadores de la casa de Medina Sidonia, los Ponce de León, o los Fernández de Córdova. Sus extensas posesiones, así como la jurisdicción que ejercían sobre los habitantes de sus señoríos, les proporcionaba una enorme influencia social y política. Mas vinculados al ejercicio de las armas quedaron los hidalgos y los caballeros, que constituían una nobleza inferior y cuyo patrimonio así como su influencia estaban muy por debajo de la gran nobleza. Sin embargo, fueron ganando un progresivo control sobre las ciudades.

La implantación de la Iglesia en Andalucía se llevó a cabo de forma inmediata a medida que avanzó la Reconquista. Su organización giró en torno a la archidiócesis de Sevilla, erigida sede arzobispal en 1254. Al mismo tiempo se fueron extendiendo las fundaciones monásticas y conventuales, con una fuerte tendencia urbana. Agustinos, dominicos, franciscanos, mercedarios y trinitarios, así como monjas clarisas y cistercienses, constituían el clero regular andaluz a finales del siglo XIII. Sacerdotes seculares y regulares se preocuparon, además de atender a sus obligaciones evangélicas, a aumentar sus bienes materiales hasta el punto de acumular un cuantioso patrimonio.

El estado llano era muy heterogéneo y estaba integrado en su mayor parte por campesinos y artesanos, todos ellos de condición modesta. Constituían el grueso de los repobladores y jurídicamente eran hombres libres, lo que les confería una situación muy diferente a la de la mayor parte de los habitantes de otros países europeos de la época, que estaban sometidos a un régimen feudal y tenían que rendir vasallaje a los señores. En general, la situación de los campesinos, a los que se les concedieron unas modestas propiedades en el momento de la repoblación, fueron deteriorando su situación, hasta caer en muchos casos en la miseria al cabo de algunos años. Las guerras civiles y los ataques de los benimerines son algunas de las causas que se han esgrimido para explicar este proceso. Lo cierto es que la miseria dio lugar a algunos brotes de revueltas a comienzos del siglo XIV.

Formaban también parte de la sociedad andaluza de esta etapa las minorías mudéjar y judía. Los mudéjares desaparecieron en su casi totalidad de Andalucía, sobre todo a partir de 1264, en que la revuelta aceleró el proceso de emigración de esta población hacia el reino de Granada o hacia el norte de África. A partir de entonces sólo quedaron pequeños núcleos en algunas ciudades, que fueron languideciendo y reduciéndose hasta terminar por desaparecer del todo. Por el contrario, la minoría judía fue cobrando importancia. En los barrios en los que habitaban (*juderías* o *aljamas*), los judíos desarrollaron una serie de actividades artesanales y liberales. Pero sobre todo, se dedicaron a la práctica de la usura y al arrendamiento de las rentas municipales, lo que les fue otorgando una considerable influencia en el conjunto de la sociedad mayoritariamente cristiana.

Los Trastámara

Después de las conquistas llevadas a cabo hasta mediados del siglo XIV, la historia de la Andalucía cristiana transcurrió sin grandes sobresaltos durante más de una centuria, hasta que los Reyes Católicos abordaron la ofensiva final al reino de Granada.

A la muerte de Alfonso XI, le sucedió su único hijo legítimo Pedro I (1350-1369). Cruel para algunos y justiciero para otros, tuvo que enfrentarse con la sublevación de la nobleza, encabezada por su hermanastro Enrique de Trastámara, hijo del anterior rey y de la favorita de éste, Leonor de Guzmán. El resultado de esta lucha fratricida fue la instauración en Castilla de la nueva dinastía de los Trastámara. La guerra dio ocasión también para que la nobleza recuperase el poder que había perdido como consecuencia de las crisis económica y demográfica, y arrancase al nuevo rey, Enrique II (1369-1379), también llamado el de las mercedes, nuevos señoríos y privilegios. Pasó parte de su reinado en Andalucía y compartió su estancia entre las ciudades de Córdoba y Sevilla. Su hijo y sucesor Juan I (1379-1390) no pudo evitar la consolidación del poder señorial ni tampoco el fracaso de su alocado proyecto de agregar los reinos andaluces al de Portugal para crear una nueva entidad de la que él se proclamaría rey, con el objeto de dejar a su hijo Enrique el reino de Castilla y León.

Enrique III (1390-1406) sucedió a su padre Juan I cuando era todavía un niño. Los problemas que planteó la regencia, por la que se enfrentaron la nobleza y el poderoso arzobispo de Toledo, Pedro Tenorio, propiciaron agitaciones en varias ciudades y desataron una persecución de los judíos en Sevilla en 1391, e inmediatamente después, en Córdoba. Ya se habían producido acciones contra la población judía en otras ciudades, siempre relacionadas con las crisis económicas y las actividades de préstamos y de cobro de impuestos que ejercía esta minoría. Pero en esta ocasión, las secuelas de una epidemia de peste, las predicaciones de un arcediano de Ecija, y la propia agitación política, dieron lugar a que la ira popular se dirigiese contra los judíos de estas ciudades andaluzas. Al mismo tiempo, se desató una lucha entre las casas rivales de los Guzmán y de los Ponce de León por conseguir el control sobre el municipio de Sevilla. La confusión que provocó este enfrentamiento daría lugar, incluso, a un intento de proclamar a esta ciudad como república independiente a la manera de los estados italianos de la época. El intento fracasó y no deja de ser una simple anécdota en la agitada vida política de aquellos años.

Durante su reinado, Enrique III, con más autoridad que su antecesor en el trono, implantó la figura del corregidor en los municipios para que actuase en ellos como representante de la Corona y acabase con los enfrentamientos entre los grandes señores por su control y dominio. Sin embargo, su esfuerzo no tuvo continuación, ya que con su sucesor Juan II (1406-1454) se expandió de nuevo el poder señorial. Los Ponce de León consiguieron el título de condes de Arcos en 1440, y los Guzmán el título de duques de Medina Sidonia, en 1445. Hasta que el sucesor de Enrique III no cumplió la edad para ocupar el trono, desempeñó la regencia el hermano del rey fallecido, Fernando. Era uno de los personajes más destacados de la época porque además de ostentar importantes señoríos, estaba casado con Leonor de Alburquerque, dama de gran riqueza e influencia. Durante la regencia, Fernando reanudó la guerra contra los granadinos y conquistó Antequera en el año 1410. Esta ofensiva fue continuada por Juan II, que aprovechó las rivalidades internas que se originaron en el reino nazarí, y se tradujo en la conquista de algunas plazas fronterizas, como Galera, Vélez Blanco y Vélez Rubio.

El reinado de Enrique IV de Tratámara (1454-1474) se inició con una nueva ofensiva contra el reino de Granada. Varias de las expediciones estuvieron encabezadas por el propio monarca, que a pesar de ser débil y enfermizo, mostró interés por dirigir las fuerzas cristianas, aunque en ellas mostrase poca capacidad y escasa ambición en sus objetivos. Contrajo segundas nupcias en la ciudad de Córdoba con Juana de Portugal, cuando se habían desatado una serie de problemas nobiliarios en el reino castellano que contribuyeron al debilitamiento del poder real. La nobleza hostil al monarca se negó a reconocer a su hija Juana, cuya paternidad era atribuida a Beltrán de la Cueva, personaje de la nobleza jiennense que había alcanzado gran ascendencia sobre el monarca. Cuando se planteó el pleito sucesorio a la muerte de Enrique IV entre su presunta hija Juana, llamada la Beltraneja, y la hermana del rey, Isabel (la futura Isabel la Católica), lo que realmente se produjo fue un enfrentamiento entre los partidarios de la potenciación del poder nobiliario, que apoyaban a la primera, y los que preferían la autoridad de la Corona, que sostenían los derechos de esta última.

Los Guzmán, junto con otros grandes linajes castellanos, defendieron a la hermana del rey. Su actitud no era contradictoria, pues si bien querían una monarquía fuerte, también eran conscientes de que ésta tendría que apoyarse en la nobleza, por lo que estaban convencidos que Isabel no osaría afectar a sus intereses. Por el contrario, los Ponce de León se aliaron con el principal valedor de Juana la Beltraneja, el marqués de Villena, con el que estaban emparentados. Las luchas entre las dos facciones nobiliarias dieron lugar a la guerra de sucesión que acabaría con el reconocimiento de Isabel I como reina de Castilla. A ella correspondería la pacificación del elemento nobiliario, la culminación de la Reconquista y la construcción de un nuevo Estado.

LOS REYES CATÓLICOS Y LA CONQUISTA DEL REINO DE GRANADA

Cuando Isabel heredó el trono castellano a la muerte de su hermano Enrique IV, en 1474, ya se había casado con el heredero de la Corona de Aragón, Fernando, poniendo así las bases de lo que sería el futuro Estado español. Su triunfo en la guerra civil que desencadenó el pleito sucesorio y el acceso al trono aragonés de su esposo consolidaron la unión dinástica de las dos Coronas.

Una de las prioridades que los Reyes Católicos se plantearon al comienzo de su reinado fue la conquista del reino de Granada para completar así el proceso de la recuperación del territorio peninsular que había estado en manos de los musulmanes durante tanto siglos. La reanudación de la guerra iba a asegurar su posición frente a la díscola nobleza castellana y contribuiría también a desarrollar la capacidad militar y hacendística del reino castellano para convertirlo en el núcleo de un estado moderno. A pesar de ser Granada un territorio cuya reconquista correspondía al reino de Castilla, en la empresa colaboraron también de una manera eficaz los aragoneses. Su culminación, significó la extinción del último reducto del Islam en la Península y la eliminación del peligro que suponía la existencia de este importante enclave musulmán, en un momento en que el imperio turco amenazaba el occidente mediterráneo. A partir de su conquista, los nuevos monarcas podrían dirigir su política exterior hacia otros frentes, especialmente a la conquista de Navarra y hacia Italia.

El reino nazarí de Granada no siempre había mantenido una relación de enemistad con los reinos cristianos vecinos, sino que también se habían generado relaciones amistosas durante largas etapas. Los intereses que habían creado las relaciones comerciales y los contactos culturales entre uno y otro lado de la frontera, prevalecieron con frecuencia entre las comunidades cristiana y musulmana. Sin embargo, a pesar de las treguas en vigor, durante el reinado de Muley Hacen (1464-1482) se produjeron agresiones a las plazas cristianas de Cieza y Villacarrillo y los granadinos se apoderaron de Zahara. Los Reyes Católicos, preocupados con los problemas sucesorios, no pudieron dedicarle la debida atención a la defensa de estos territorios fronterizos.

La toma de Zahara fue el desencadenante de la ofensiva cristiana contra el Reino de Granada. La guerra se desarrolló, según M.A. Ladero Quesada, en tres etapas. La primera de ellas entre 1482 y 1484 y en ella se llevó a cabo la toma de Alhama por parte de Rodrigo Ponce de León. La segunda abarca entre 1485 y 1487, que para Ladero son los años decisivos y fueron aprovechados por Fernando e Isabel para ahondar las tensiones dentro del reino nazarí por medios diplomáticos y militares. La tercera y última es la que señala la ofensiva final y la conquista de Granada y comprende desde el año 1488 hasta el 1492.

La conquista de Alhama provocó la reacción de Muley Hacen que trató inútilmente de recuperar la plaza. Después de vanos intentos por llevar a cabo nuevas conquistas, las tropas cristianas recuperaron Zahara, además de Tajara, Alora y Setenil. Talaron repetidamente la vega granadina para castigar a los agricultores granadinos. Pero lo más importante en estos años fue la rebelión de Boabdil contra su padre Muley Hacen y la captura de aquel por parte de las tropas cristianas. A cambio de su libertad, Boabdil se vio obligado a firmar una carta de vasallaje por la que se comprometía a pagar a los Reyes Católicos una fuerte cantidad de dinero y además, a combatir a su padre hasta que la capital del reino cayese en manos de los cristianos.

Los avances principales de la segunda etapa consistieron en la toma de Ronda y Málaga, después de una tenaz resistencia de ésta última, y en la captura de las importantes fortalezas de Loja, Illora, Moclín, Montefrío y La Colomera. Durante este periodo, Boabdil (el Rey Chico) se había establecido en Guadix y había llegado a dominar toda la parte oriental del reino granadino. Sin embargo, la toma de Almería por parte de El Zagal, hermano de Muley Hacen, obligó a Boabdil a huir a la zona cristiana. Los Reyes Católicos decidieron ayudar a Boabdil a que destronase a El Zagal, que había destituido a su hermano Muley Hacen. Finalmente, El Zagal se retiró a Almería, dejando que Boabdil se adueñase de Granada.

La conquista por los Reyes Católicos del Reino de Granada en los años 1481 a 1492

La fase final de la guerra estuvo caracterizada por la ofensiva sobre El Zagal y, posteriormente por la toma de Granada. El sitio de la capital se inició en abril de 1491 y fue esencialmente una prueba de resistencia y de presión diplomática que los Reyes Católicos llevaron a cabo desde su campamento establecido en Santa Fe. Cuando se estaban negociando las condiciones de la capitulación, Boabdil se vio obligado a pedir la entrada de las tropas cristianas para evitar la sublevación de los granadinos partidarios de sostener una resistencia a ultranza contra los sitiadores. El día 2 de enero de 1492, Boabdil entregaba las llaves de la ciudad a los Reyes Católicos, escena que fue inmortalizada en el siglo XIX en una conocida pintura del artista Francisco Pradillo.

En virtud de las capitulaciones firmadas, se garantizaba la seguridad y las propiedades de la comunidad musulmana, así como su identidad, su lengua, su religión y su cultura. Sin embargo, los mudéjares granadinos no continuaron disfrutando de estas favorables condiciones durante mucho tiempo, ya que en 1502 se publicó una ley mediante la cual se les obligaba a la conversión al cristianismo o, en caso contrario, se les amenazaba con la expulsión. La verdad es que el primer arzobispo de Gra-

La presencia visigoda en la Bética se efectuó bajo el reinado del rey Teudis, quien murió asesinado en el año 548 y fue sucedido por Teudiselo, muerto en Hispalis un año más tarde. Agila, sucesor de éste, trasladó la capital a la ciudad del Guadalquivir y tuvo que enfrentarse a diversas sublevaciones y rebeliones encabezadas por la aristocracia hispanorromana, que se mostró hostíl a la presencia en el territorio de estos pueblos germánicos y orientales. En el año 550 fue derrotado en Córdoba y tuvo que refugiarse en Mérida. Poco después fue elegido un nuevo rey, Atanagildo, cuya primera tarea consistió en tratar de someter la resistencia que puso Agila a su sustitución. El nuevo rey buscó ayuda en los bizantinos, quienes bajo el mando de Liberio, atravesaron el estrecho y contribuyeron a derrotar a Agila en las proximidades de Hispalis.

Los bizantinos, quienes bajo el emperador Justiniano llevaban a cabo una política expansionista, pretendían anexionarse las tierras de la cuenca occidental mediterránea. Su presencia en la Bética entre los años 554 y 624 dejaría su impronta en el reino visigodo durante esta etapa. Hubo una reactivación de las actividades mercantiles aunque resulta difícil saber hasta qué punto se registró la influencia de Bizancio en algunas de las ciudades más importantes de la región y también en las zonas rurales.

La subida de Leovigildo al trono (568-586) significó un paso importante en la consolidación de la monarquía visigoda. Su labor se centró en la unificación del territorio frente a la presencia bizantina. Intentó reconquistar Málaga y consiguió recuperar Asidonia en las proximidades del Estrecho. Entró en Córdoba y ocupó otras ciudades de la región, pacificando una gran parte de Andalucía. Su hijo Hermenegildo se rebeló contra él en el año 579, ya que se había convertido al cristianismo y encabezó un movimiento que trataba de imponerse al arrianismo que imperaba en la corte, autonombrándose rey en Sevilla. Le siguieron gran parte de la Bética y algunas regiones lusitanas. Leovigildo le hizo frente, tomó la ciudad de Emérita y entró en Sevilla, aplastando la rebelión de Hermenegildo.

A la muerte de Leovigildo le sucedió su otro hijo Recaredo, que procedió a la conversión al cristianismo de los arrianos durante el III Concilio de Toledo en el año 589. El arzobispo de Sevilla, Leandro, comunicó al papa Gregorio Magno la conversión del rey. Después de la nada Fray Hernando de Talavera hizo todo lo que pudo para realizar una labor de conversión pacífica de los musulmanes, que se convertían de esta forma en moriscos. Pero esa actitud se endureció con la llegada del cardenal Cisneros, quien activó la política de conversiones con una mayor intransigencia. Los mudéjares reaccionaron con una serie de sublevaciones y ello dio lugar a la publicación de la pragmática de 1502.

El intento de poner las bases para una convivencia fracasó, pues la presión cristiana, el incumplimiento de las capitulaciones, la crisis de la agricultura y el consiguiente empobrecimiento de la población mudéjar, además de las lógicas tensiones entre vencedores y vencidos, hicieron inviable la coexistencia de dos formaciones sociales que eran esencialmente distintas.

Una vez terminada la conquista de Granada, los Reyes Católicos se propusieron culminar la unificación religiosa mediante la expulsión de la población judía. En Andalucía existía una importante comunidad judía –más por el tipo de actividades que desarrollaba que por su cantidad–, que era esencialmente urbana. En 1480 se estableció el primer tribunal de la Inquisición en Sevilla, en 1482 en Córdoba y al año siguiente en Jaén. El Tribunal de la Inquisición no tenía jurisdicción sobre los judíos, sino solamente sobre los bautizados que no cumplían con los preceptos del cristianismo. Sin embargo, alegando el mal ejemplo que los judíos podían dar a aquellos que se habían convertido, aconsejaron a los reyes que procedieran a su expulsión. Así pues, los Reyes Católicos decretaron la expulsión de los judíos en 1492. Algunos judíos se convirtieron para evitar la salida, pero muchos tuvieron que abandonar la Península, para establecerse en el norte de África, en Portugal, o en algunas ciudades del Mediterráneo oriental.

Andalucía en la época de los Austrias

La Edad Moderna se inicia en Andalucía con el reinado de los Reyes Católicos, aunque para algunos historiadores, este periodo, que abarca el último tercio del siglo XV y los primeros años del siglo XVI, constituye el último capítulo de la Edad Media. En cualquier caso, hay que admitir que ésta es una etapa de transición por cuanto coinciden en ella algunos rasgos característicos del medievo, cual es el último episodio de la guerra de la Reconquista y otros de signo claramente moderno, como son el nacimiento de un Estado nuevo, y la proyección de éste hacia el exterior, con la incorporación a la Monarquía de nuevos territorios, que acabarán por convertirla en una potencia mundial bajo la dinastía de los Austrias.

Andalucía y América

Una vez terminada la Reconquista por parte de los Reyes Católicos, Andalucía alcanzaría un considerable protagonismo en el conjunto de la Historia de España como consecuencia del papel que llegó a desempeñar en las relaciones con las tierras recién descubiertas al otro lado del océano durante el reinado de los Reyes Católicos.

Andalucía se convirtió en el siglo XVI en la puerta de América. Los puertos andaluces del Atlántico eran los que disfrutaban de una mejor situación para sostener una comunicación regular y sistemática con el Nuevo Mundo, a causa de las corrientes que facilitaban la navegación entre los dos continentes. De hecho, la experiencia de los marinos andaluces en la navegación de altura por las aguas de la costa occidental africana permitió que la aventura descubridora de Cristóbal Colón pudiera culminarse en 1492. Además, el viaje de las tres carabelas había salido del puerto onubense de Palos de la Frontera, y los sucesivos viajes que realizó el navegante genovés tuvieron como punto de partida las costas andaluzas.

Pero lo que realmente consolidó el protagonismo andaluz en las relaciones con América fue la creación de la Casa de Contratación en Sevilla y la concesión del Monopolio comercial con aquellas tierras a su puerto sobre el río Guadalquivir. El sistema monopolista se creó con la finalidad de beneficiar en exclusivo a la metrópoli de la explotación de las tierras descubiertas. Las razones del privilegio que se le concedió a Sevilla hay que buscarlas en la necesidad de centralizar, asegurar y controlar el movimiento de mercancías y personas que iban y venían de las Indias, evitando las ingerencias extrañas. Sevilla ofrecía, por su situación como puerto interior, mayor abrigo contra los posibles ataques de los enemigos y además, unas ventajas fiscalizadoras que no podía ofrecer ningún otro puerto en la Península.

La Casa de la Contratación fue creada en 1503, y era un organismo que concentraba una serie de variadas competencias para el control de todo lo relativo a la relación con las Indias: entendía de las relaciones comerciales, tenía funciones administrativas, militares, aduaneras y fiscales, marítimas y hasta científicas, ya que en ella se trazaban los mapas para la navegación y se expedían los títulos de pilotos. A partir de su establecimiento, Sevilla se convirtió en un polo de atracción de traficantes, mercaderes, y gentes de toda procedencia que iban a buscar en la ciudad andaluza los cauces para poder entablar negocios con el Nuevo Mundo. Genoveses, franceses, florentinos, holandeses y otros muchos extranjeros, convirtieron a Sevilla en aquellos años en una ciudad cosmopolita, llena de colorido y en la que se producía un gran movimiento de riqueza. A ella acudieron también aquellos que querían emigrar al Nuevo Mundo para labrarse un porvenir más esperanzador que el que se les presentaba en el viejo continente, con sus ataduras y sus dificultades para la promoción social y el enriquecimiento.

La sede de la Casa de Contratación fue establecida en el Alcázar de Sevilla, en el llamado salón de Almirantes, mientras que la pujante actividad de los mercaderes llevó a la construcción de un magnífico edificio en los aledaños de la catedral, para evitar que las transacciones se continuasen llevando a cabo en el interior del templo, con la consiguiente protesta de las autoridades eclesiásticas, que consideraban un abuso su utilización para fines comerciales. La nueva Lonja de mercaderes fue convertida en el siglo XVIII en Archivo de Indias.

A mediados del siglo XVII, la posición preponderante de Sevilla en la Carrera de Indias fue perdiendo peso a favor de Cádiz. Las dificultades crecientes que encontraban los navíos, cada vez de mayor calado, para remontar el río Guadalquivir, la presión de los comerciantes que preferían desarrollar sus actividades en un puerto más abierto para escapar a la rígida fiscalización a la que estaban sometidos en Sevilla, y la crisis demográfica que padeció la ciudad en los años centrales del XVII, favorecieron este cambio.

De todas formas, hay que considerar que Andalucía no se benefició especialmente de su papel de intermediaria con América. Las importaciones de oro y plata procedentes del otro lado del Océano no se quedaron en ella, sino que fueron a parar a los lugares de donde procedía la mayor parte de las mercancías y abastecimientos que se enviaban a aquellas tierras. Y esos lugares estaban en otros países europeos, cuyo mayor desarrollo y capacidad exportadora, les permitía obtener la mejor parte de los beneficios generados por este intercambio mercantil.

La población andaluza

La población de Sevilla aumentó considerablemente como consecuencia de su creciente actividad económica. Esta ciudad, que a principios del siglo XVI tenía unos 75.000 habitantes, llegó a alcanzar a finales de la centuria una cifra que rondaba los 120.000 habitantes, lo que la situó entre las más importantes de Europa, junto con Nápoles y París.

Otras ciudades andaluzas se beneficiaron también de esta privilegiada relación con América durante el siglo XVI y su pujanza se reflejó en su crecimiento poblacional. Granada, sin embargo perdió población después de la conquista y la cifra de 100.000 habitantes quedó reducida a finales del siglo XVI a la mitad aproximadamente. La Guerra de las Alpujarras, como consecuencia de la sublevación de la población morisca que quedó en aquella ciudad después de su reconquista, fue la causa principal de esta reducción. Por el contrario, Córdoba experimentó un notable crecimiento, pasando de 6.000 a 10.000 habitantes. Por otra parte, hay que reseñar la despoblación que se produjo en las costas mediterráneas andaluzas como consecuencia de las frecuentes incursiones de los piratas berberiscos, que atacaban las poblaciones del litoral y saqueaban a sus habitantes. El peligro era tan frecuente, que llegó a instalarse todo un sistema de alarma por toda la costa, mediante la construcción de unas torres atalayas, desde las que se pedía ayuda encendiendo un fuego cuando se avistaba a los enemigos.

En su conjunto, puede decirse que la centuria de mil quinientos fue positiva desde el punto de vista demográfico para Andalucía, a pesar de las epidemias de peste que siguieron incidiendo en la región de forma intermitente, como las de 1507-1508, la de 1521-1522, o la de finales de siglo en 1599.

El siglo XVII fue por el contrario en algunas zonas una etapa de regresión demográfica, y en este sentido, la evolución de su población no es otra que la que se produjo en otras partes de Europa. La crisis demográfica tuvo lugar, entre otras cosas, por las crisis de producción que dieron lugar a una fuerte carestía de alimentos, pero sobre todo como consecuencia de la fuerte incidencia de las epidemias de peste que, como la que se extendió a mediados de la centuria, entre 1647 y 1652, dejó diezmada a la población de algunas ciudades andaluzas. Sevilla vio reducido el número de sus habitantes casi a la mitad, a raíz del contagio de 1649 y a partir de entonces su recuperación fue muy lenta. También Málaga y Córdoba sufrieron las consecuencias de la enfermedad, y diez años más tarde se produjo un rebrote en Granada, aunque no con tanta virulencia. Con todo, parece ser que las epidemias contagiaron más al oeste que al este de Andalucía. El relieve y las comunicaciones poco desarrolladas contribuyeron a frenar el avance de la enfermedad, que generalmente se iniciaba en la parte atlántica. Quizás por esa razón, la Andalucía Oriental, si bien es cierto que partía de unas cifras más modestas que la Occidental, en general no experimentó grandes perdidas demográficas, sino que al final de la época de los Austrias presentaba un saldo bastante positivo.

En su totalidad, Andalucía contaba en los años que transcurrieron entre un siglo y otro con una población en torno a 1.500.000 almas, lo que significaba el 23 por ciento, aproximadamente, de la población castellana que alcanzaba la cifra de 6.500.000 habitantes. Este porcentaje se mantendría con pocas variaciones a lo largo de los dos siglos, puesto que la evolución demográfica de la región andaluza no se diferenció sustancialmente de la experimentada por el resto de Castilla.

Las tierras

Andalucía era una región eminentemente agrícola, y aunque esta afirmación parezca una obviedad en una época en la que toda Europa vivía principalmente de la agricultura, no lo es tanto si tenemos en cuenta que con el inicio de la modernidad otros sectores de la economía alcanzaron un considerable desarrollo en otras regiones del continente.

El régimen de tenencia de la tierra que predominaba en Andalucía era el de la gran propiedad. La forma en que se había llevado a cabo la Reconquista durante la Edad Media, favoreció esta situación. La necesidad de ocupar unos territorios muy extensos y sometidos al peligro de posibles ataques por parte de musulmanes que se hallaban al otro lado de la frontera, llevó a los monarcas a entregar grandes propiedades a la nobleza como incentivo para que los defendieran y consolidasen la presencia cristiana a cambio de privilegios feudales. Esto quería decir que en estos territorios de "señorío", eran los nobles y no la Corona quienes cobraban impuestos, nombraban funcionarios e impartían justicia. Las casas de Medinaceli, Infantado, Medina Sidonia y otras de parecida entidad, se asentaron de esta forma en Andalucía, y situaron en esta región el centro de sus actividades y la base de su poder y de su riqueza. Los Ayuntamientos y la Iglesia obtuvieron también por el mismo motivo considerables extensiones de tierras que fueron cedidas en condición de bienes amortizados. Es decir, que no podían ser enajenadas por ningún procedimiento, ni por venta, ni por cesión, ni de ninguna otra forma. No obstante, también existía la pequeña propiedad, sobre todo en la Alta Andalucía, donde las condiciones de la Reconquista habían sido diferentes y en la que la geografía imponía otro régimen de explotación. Junto a las tierras nobiliarias, eclesiásticas y concejiles, había también tierras de realengo, cuya jurisdicción correspondía directamente a la Corona.

La producción de la agricultura andaluza se basaba en la llamada trilogía meditarránea: el trigo, la vid y el olivo. El cereal constituía, con mucho, el producto más extendido, ya que era el alimento básico de la población. Sin embargo, la vid y el olivo aumentaron su producción como consecuencia de la especulación producida ante el crecimiento de la demanda americana. Las técnicas de cultivo eran muy primitivas y el rendimiento que se le sacaba a la tierra era relativamente escaso. Se practicaba el llamado cultivo a dos o tres hojas, lo cual quería decir que después de recoger una cosecha se dejaba descansar a la tierra para su recuperación. En el reino de Granada había grandes contrastes entre tierras muy feraces, como las de la vega, y otras muy pobres. En Almería, la escasez de agua impedía el desarrollo de una agricultura próspera. Málaga disfrutaba de unas tierras interiores ricas en caña de azúcar y también eran importantes sus viñedos, que daban lugar a la producción de pasas que eran productos de fácil exportación a América. Según estudios recientes, no parece, sin embargo, que el mercado americano constituyese un dinamizador importante de la producción agrícola andaluza en general.

Cuando cambió la coyuntura a comienzos del siglo XVII y sobrevino la crisis de la Monarquía, se produjo un deterioro de la productividad agraria. No obstante, a pesar de la consiguiente desvalorización de la tierra, se produjo una tendencia hacia la compra por parte de nuevos propietarios. El comercio con América no parecía en esos momentos un negocio tan seguro y ante el temor de las pérdidas que podrían arruinar las actividades mercantiles, los comerciantes que habían conseguido acumular algún capital, prefirieron invertir en la adquisición de tierras. La propiedad rústica, si bien es cierto que no multiplicaba la inversión, al menos ofrecía una mayor garantía de estabilidad y, sobre todo, proporcionaba un notable prestigio social. El ennoblecimiento de algunos comerciantes se explica por ese afán de alcanzar un elevada categoría social y respondía a aquel principio que rezaba que "el no vivir de rentas no es trato de nobles".

El movimiento de compra-venta de tierras pone de manifiesto que, aunque la mayor parte de la propiedad estaba amortizada, todavía quedaban algunos terrenos libres a los que podían tener acceso aquellos que disponían de medios para adquirirlos. Incluso la propia nobleza incrementó sus propiedades en esta fase, lo que contribuyó a concentrar más la propiedad.

La mayor parte de las propiedades estaban cultivadas por arrendatarios. La nobleza admitía colonos en las tierras de su propiedad mediante el pago de unas rentas que se fijaban por contratos a medio o a largo plazo. Lo mismo hacía la Iglesia, aunque sus condiciones eran, en general, más favorables para los colonos. Se creó una clase de poderosos arrendatarios locales, muchos de los cuales subarrendaban a su vez, las tierras a pequeños agricultores, que apenas podían subsistir con el saldo que obtenían entre sus beneficios y las rentas que tenían que pagar.

Aunque no era muy frecuente, también se daba el caso del gran propietario que cultivaba directamente la tierra mediante la gestión de un "administrador" que contrataba la mano de obra agrícola entre los campesinos de cada lugar. La unidad agrícola era el cortijo o la hacienda, en torno a cuyo caserío vivían los trabajadores durante la época de la faena.

ACTIVIDADES ECONÓMICAS DE LOS ANDALUCES

La ganadería también constituía un sector importante de la economía andaluza. La incompatibilidad existente entre la ganadería transhumante y la agricultura por los privilegios que aquella disfrutaba gracias a la poderosa organización de la Mesta, no dio lugar a grandes conflictos en Andalucía. En efecto, el ganado lanar no requería grandes desplazamientos como ocurría con el del Norte de la Península y por tanto, su incidencia negativa sobre la agricultura fue muy escasa. Por otra parte, el poder de la nobleza señorial de base agrícola, impidió el desarrollo de la Mesta. Lo que si proliferaban eran las hermandades locales que regulaban la utilización de los pastos por los ganados que se movían en un radio reducido. Las ovejas contribuían a alimentar la producción pañera para el consumo local y también, en los primeros momentos, para la exportación a América. Existía también un ganado bovino, que se utilizaba más para el trabajo agrícola que para el consumo de su carne. El cerdo, era por el contrario el animal que proporcionaba la carne para la alimentación, al igual que las aves de corral y las palomas.

La pesca era una actividad muy extendida y en las poblaciones costeras, la pesca de bajura resultaba esencial para la alimentación de sus habitantes. Pero existía también una pesca de altura, que llevaba a los marinos andaluces a buscar los bancos de pescado al Gran Sol por el Norte y a las costas africanas por el sur. Mención aparte merecen las almadrabas del señorío de Medina Sidonia, que obtenían a lo largo de la costa gaditana importantes capturas de atunes que venían de desovar del interior del Mediterráneo.

La industria, o más bien la artesanía textil fue la que alcanzó un mayor desarrollo en todo el territorio andaluz. La producción de lana había impulsado el crecimiento de los talleres de fabricación de paños, que en algunos lugares, como en Córdoba, Baeza, Antequera o en Grazalema, alcanzaron una notable fama. No obstante, la subida de precios y la competencia de productos procedentes de otros países afectó negativamente a este sector. Importante era también la fabricación de seda, de tradición islámica y que siguió manteniendo su auge, especialmente en el territorio granadino.

Las minas andaluzas, cuya explotación había sido iniciada, como se recordará, en la Antigüedad, siguieron atrayendo el interés de algunos buscadores que, alentados por el descubrimiento de los yacimientos de plata de Guadalcanal, se afanaron en conseguir nuevas explotaciones. Sin embargo, la afluencia de metal americano contribuyó a que fuesen perdiendo poco a poco el interés.

En algunas ciudades, como Sevilla, se registraba en esta época la existencia de una floreciente industria, como era la del jabón. Las almonas sevillanas, así como las de Cádiz, Jerez, Ayamonte, etc., no sólo exportaban sus productos a América, sino a otros lugares del norte de Europa. También la cerámica constituía una actividad considerable en muchas ciudades y pueblos de Andalucía. En Sevilla eran famosas las fábricas de Triana.

Naturalmente, la intensificación del comercio marítimo con el Nuevo Mundo, dio lugar a un impulso considerable de la industria naval, lo cual hizo que aumentara la demanda de madera para la fabricación de barcos. Como la riqueza forestal andaluza era muy limitada, hubo que importar este producto de los países del norte de Europa o de Galicia. No obstante, las naves fabricadas en Andalucía gozaban de mala fama, no sólo por la baja calidad de la madera, sino por la escasa pericia de los artesanos. Los gremios que agrupaban a los carpinteros de ribera y a los calafateadores, sufrieron una notable decadencia a finales del siglo XVI.

Los nobles

La sociedad andaluza en su conjunto se hallaba fuertemente jerarquizada. Como toda la sociedad española de la época, estaba organizada en estamentos y existían grandes diferencias entre aquellos grupos privilegiados y aquellos que no lo eran. En la cúspide de la pirámide social se hallaba el rey y por debajo de él, la nobleza. A pesar de su apariencia, el estamento nobiliario no era un grupo homogéneo, y además no resulta fácil establecer los grados de la jerarquía nobiliaria, porque la legislación no lo determinaba con claridad, ni existía unanimidad en la apreciación de las distintas categorías que la integraban. Generalmente se reconocían tres grados: los grandes, los títulos y los hidalgos. En Andalucía no abundaban los hidalgos como ocurría en algunos otros lugares del norte de España. Sin embargo, la alta nobleza –grandes y títulos–, cuyo número tampoco era muy elevado, si era muy importante, pues concentraba un considerable poder y acumulaba una extraordinaria riqueza. Se calculaba que el duque de Medina Sidonia ingresaba anualmente no menos de 55.000 ducados procedentes de sus extensos dominios rurales. Parecidas rentas recibían otros miembros de la alta nobleza, como el duque de Medinaceli o el marqués de Tarifa. Y sin embargo, no hubo grandes enfrentamientos sociales en Andalucía, en interpretaciones de autores como Domínguez Ortiz, por el hecho de que al ser tan ricos los señoríos de esta aristocracia, no tenían que ahogar a sus vasallos con impuestos y derechos demasiado agobiantes.

Los orígenes de los grandes no están del todo claros. Tradicionalmente se señala la fecha de 1520 como aquella en la que Carlos V creó esta categoría nobiliaria. Entonces fueron incluidas en ella veinte familias pertenecientes a lo más selecto y poderoso de la nobleza, algunas de las cuales estaban emparentadas directamente con el monarca. Los privilegios que se les otorgaron no pasaron de ser casi exclusivamente protocolarios, como el de permanecer cubiertos en presencia del rey. Sin embargo, entre ellos estaban las fortunas más importante de la España de la época y a varias de esas familias podían considerárselas como andaluzas.

Los títulos integraban, junto con los grandes, lo que podría denominarse la alta nobleza, y era frecuente la endogamia entre esas familias. La institución del mayorazgo impedía que el patrimonio de las grandes casas nobiliarias se dividiera y, por el contrario, la política matrimonial que practicaban, les permitía la concentración de sus bienes.

La nobleza en general, y sobre todo la andaluza, era una nobleza primordialmente urbana, aunque la fuente de sus riquezas era básicamente agrícola. Pero, a diferencia de la nobleza inglesa o francesa, la nobleza andaluza abandonó pronto sus residencias campestres para construirse magníficos palacios en las ciudades más importantes. Tal es el caso, por ejemplo, de la llamada Casa de Pilato, palacio renacentista de la casa de Medinaceli en Sevilla. Por otra parte, los nobles colaboraron con la Monarquía en el desempeño de los más relevantes oficios en los Consejos, en las embajadas o en los virreinatos, pero sobre todo, acapararon los cargos de los municipios.

ECLESIÁSTICOS Y PECHEROS

El clero era el otro grupo privilegiado de la sociedad. Gozaba de una serie de derechos especiales y, al igual que la nobleza, estaba exento de pagar impuestos. La Iglesia basaba su riqueza en la posesión de un rico patrimonio, así como en el cobro de los diezmos. El número de eclesiásticos creció notablemente en Andalucía a lo largo de la época de los Austrias. Dentro de este estamento se daban muy diferentes situaciones. En el clero secular existían grandes diferencias entre la jerarquía eclesiástica y los simples curas rurales. Había arzobispados, como el de Sevilla, que recibía unas rentas anuales de 100.000 ducados; el de Granada ingresaba 24.000 ducados y el de Córdoba 46.000. Contrastaba con esta riqueza, la miserable situación que arrastraban algunos miembros del bajo clero. En el clero regular, las diferencias entre las distintas órdenes eran también considerables, pues había algunas que disfrutaban de cuantiosos bienes, mientras que otras vivían en la penuria. Su distribución en Andalucía era también muy desigual. Mientras que en ciudades como Sevilla y Granada existía una considerable presencia de religiosos, muchas poblaciones pequeñas carecían de sacerdotes que atendiesen los requerimientos espirituales de los fieles.

La inmensa mayor parte de los andaluces eran "pecheros" y pertenecían al estado llano. Entre ellos había ricos burgueses, enriquecidos con sus negocios y con sus actividades mercantiles con el Nuevo Mundo y cuyo modo de vida se asemejaba en cierta medida al de la nobleza, y artesanos y campesinos, cuya existencia rozaba a veces la más absoluta miseria. Precisamente, a lo largo del mil quinientos se produjo un proceso de polarización social, común a otras regiones españolas e incluso a otros países del centro y del occidente de Europa, consistente en la paulatina desaparición de las clases medias, en beneficio numérico de la aristocracia y de la plebe. En efecto, las viejas oligarquías burguesas de fines del medievo tendieron a desaparecer con las Monarquías absolutas que acompañaron al triunfo del Barroco. La coyuntura económica de alza y las crisis económicas de finales del siglo XVI, provocaron una vuelta a la tierra y un deseo por parte de la burguesía de invertir en la compra de bienes rústicos y de integrarse en la nobleza.

Así pues, en esta época, la mayor parte de los andaluces era gente de campo, aunque sólo en casos contados estos campesinos eran, como hemos visto, propietarios de las tierras que cultivaban. En Andalucía, al estar la propiedad muy concentrada, había abundancia de jornaleros que arrastraban unas condiciones de vida bastante modestas. Las ordenanzas municipales de las ciudades y pueblos de esta región, dominados por las oligarquías de propietarios, cuidaban del suministro de mano de obra barata que se veía obligada a someterse a las condiciones que imponían los señores del lugar.

En Andalucía se acusó en esta época, como en ningún otro lugar, la creciente presión tributaria de la Corona, que hacía recaer sobre el campesinado la acuciante necesidad de recursos para sostener la política imperial. Por otra parte, fue de su campesinado de donde salió una buena parte de los soldados que nutrieron los tercios que defendieron en los campos de batalla de Europa la hegemonía de la Monarquía Hispánica en aquellos cruciales años de su existencia.

Menos importantes en número, pero igualmente representativas de aquella Andalucía de los siglos XVI y XVII, eran las clases populares urbanas. En las ciudades, la mayor parte de las clases modestas estaban constituidas por el artesanado y la mano de obra industrial integrada en las instituciones gremiales. Los gremios eran corporaciones de gente que se dedicaba a un mismo oficio y que buscaba en este tipo de organización, la distribución del trabajo y la cooperación, el auxilio mutuo, la igualdad de las fortunas y la limitación de la competencia. El origen de los gremios hay que buscarlo en la Edad Media, pero en el siglo XVI alcanzaron un gran desarrollo en Andalucía. En Sevilla, por ejemplo, el número de oficios agremiados alcanzó la cifra de ochenta, lo que pone de manifiesto la actividad laboral de esta capital andaluza. Su organización respondía a un patrón que se aplicaba a todos ellos, aunque las supremas autoridades gremiales recibían nombres distintos en cada región española. Los gremios regulaban el acceso a los diferentes oficios mediante un escalafón cuyo grado inicial era el de aprendiz, para pasar después al de oficial y terminar en el de maestro.

Además de su papel económico y laboral, los gremios desempeñaban también una función social que ejercían por medio de las cofradías y hermandades que agrupaban generalmente a los maestros, oficiales y aprendices de un mismo oficio. Se reunían en torno a un santo patrón, al que se le ofrecía el culto debido, y se aseguraba a los cofrades asistencia en caso de enfermedad o de invalidez, y a su familia en caso de fallecimiento del trabajador.

Los marginados

En el ambiente urbano se desenvolvía también en esta época la figura del pícaro, tan difundida por la literatura del Siglo de Oro. Aunque algunos de los autores más sobresalientes de esta etapa acuñaron un estereotipo del pícaro, que incluso dio lugar al genero llamado de la picaresca, su existencia no deja de reflejar un modo de vida característico de aquella España. Su aparición respondía en primer lugar a razones de orden material, como era el empobrecimiento del país a partir de los comienzos del siglo XVII, y la huida de los campesinos de sus tierras, a la falta de trabajo o al espíritu de aventura de soldados y estudiantes. Pero también su existencia se debía a causas de orden moral, como eran el desprecio a las artes mecánicas y a las actividades productivas, que lanzaba también a este tipo de vida a nobles sin riqueza y a religiosos que habían colgado los hábitos. La figura de Guzmán de Alfarache, el personaje creado por Mateo Alemán, ha quedado consagrada como la del pícaro andaluz característico. Cervantes también creó tipos literarios que responden a la figura del pícaro y cuya vida se desarrolló en Andalucía.

Junto a la riqueza de que disfrutaban algunos privilegiados, contrastaba la mendicidad que ejercía una buena parte de la población andaluza. El mendigo era una categoría jurídicamente clasificada, de tal manera que, una vez que se le reconocía, se le proveía de una licencia, otorgada por el cura de su lugar de origen, que le permitía solicitar la caridad pública en un determinado ámbito geográfico. La mendicidad estaba, a veces, asociada a la delincuencia y los ladrones vivían con frecuencia en bandas organizadas que se dedicaban a apropiarse de lo ajeno mediante los mas diversos e ingeniosos procedimientos. La literatura de la época nos ha dejado también numerosos y variados testimonios de los ambientes andaluces que se desenvolvían al margen de la ley. La justicia, lenta y corrompida en algunos sectores, era sin embargo implacable con los delincuentes que caían en sus manos. Algunos ladrones eran condenados a muerte y ejecutados sin conmiseración alguna. Las *Memorias* del Padre León, confesor de la cárcel de Sevilla, constituyen una buena fuente para conocer este mundo de la delincuencia.

Al hacer referencia a la Andalucía de la época de los Austrias, no pueden dejar de mencionarse a las minorías que vivían al margen de la sociedad establecida y que suponían algo menos del diez por ciento del total de la población andaluza. El grupo más numeroso era el de los moriscos. Estaba formado por aquellos moros que después de la reconquista habían aceptado permanecer bajo dominio cristiano. Desde 1525 se habían visto obligados a bautizarse, aunque se les permitió que continuaran utilizando sus costumbres, su lengua y sus vestimentas hasta 1556. Cuando en esta fecha se les dejó de aplicar esta tolerancia y comenzaron a padecer también una mala situación económica, los moriscos se sublevaron en las Alpujarras granadinas. Felipe II reprimió la rebelión y procedió a su distribución por Castilla y la Baja Andalucía. No obstante, la asimilación que se perseguía con esta medida fracasó y en 1609 fueron expulsados por Felipe III.

No tan numerosos como los moriscos, pero mucho más influyentes eran los judeoconversos. Descendientes de los judíos que habían sido expulsados en 1492 y convertidos al cristianismo, no habían acabado de ser aceptados por la sociedad establecida. Para excluirlos de los puestos importantes comenzaron a promulgarse "estatutos de limpieza de sangre". No obstante, esta minoría, muy activa y emprendedora, desempeñó cargos importantes en la administración, en el mundo de los negocios e incluso en los cabildos catedralicios.

Había todavía esclavos en España a finales del siglo XVI y comienzos del XVII. Donde más abundaban era en Castilla y, sobre todo, en Andalucía. Sevilla tenía, a finales del siglo XVI alrededor de 15.000. Resulta en cierto sentido lógica esta situación, ya que en esta etapa de la Historia de España, en la que se desarrollaron los enfrentamientos con los turcos en Lepanto, y con los berberiscos en el Mediterráneo occidental, y se produjo la incorporación de Portugal a la Monarquía de Felipe II, el mundo musulmán y el África negra contribuyeron a abastecer al mercado andaluz. La nobleza y el clero eran los principales propietarios de esclavos. Estos, no sólo prestaban servicio sino que proporcionaban prestigio a sus amos.

También era considerable la presencia de extranjeros, ya que el papel que desempeñó Andalucía en la explotación del Nuevo Mundo y el papel que llegó a alcanzar en la economía internacional, atrajeron la atención de los ciudadanos de otros países. Entre ellos había comerciantes genoveses, artilleros y mineros procedentes de Alemania, ingenieros y técnicos flamencos, y hasta artistas que llegaron a España y acabaron por afincarse definitivamente en ella. Pero junto a estos extranjeros de una cierta cualificación, acudieron también otros muchos sin oficio ni beneficio, que se encargaban de realizar los trabajos que despreciaban los propios españoles. Así, había muchos franceses que desempeñaban el oficio de aguadores, mientras que otros inmigrantes se dedicaban al comercio ambulante como buhoneros.

Entre los grupos marginales de la sociedad andaluza de la época hay que mencionar por último a los gitanos, que llamaron siempre la atención por su forma de vida nómada y sin arraigo. Sus ocupaciones habituales estaban relacionadas con el tráfico de ganado y con oficios afines a esta actividad. Sin embargo, eran frecuentemente acusados de robos, hurtos y otras actividades delictivas. Se dictaron medidas para procurar su empadronamiento y las Cortes de Castilla se quejaron repetidamente de su desafuero. No obstante, los gitanos siguieron formando parte del pintoresco paisaje andaluz durante toda esta época y en algunos lugares, como en Granada, llegaron a afincarse permanentemente.

POLÍTICA, ADMINISTRACIÓN E INSTITUCIONES

Desde el punto de vista político y administrativo, Andalucía siguió formado parte de Castilla y, en este sentido, gozó de la preponderancia castellana en el conjunto de la Monarquía.

Después de la conquista de Granada por los Reyes Católicos, Andalucía quedó dividida en cuatro reinos: los ya existentes de Sevilla, Córdoba y Jaén, más ahora el de Granada. Estos reinos no tenían atribuciones políticas relevantes, y su papel más destacado consistía en desempeñar la representación de su capitalidad en las Cortes Castellanas. Los representantes o procuradores andaluces no actuaban conjuntamente, defendían los intereses de su ciudad, cuando no eran presionados o sobornados por la Corona para someterse a sus peticiones sin oponer demasiada resistencia.

Las Cortes Castellanas, que eran itinerantes, se reunieron una sola vez en Andalucía a lo largo de la época de los Austrias. Dicha reunión tuvo lugar en Granada en 1570, cuando Felipe II acudió a esta ciudad para tomar las medidas necesarias para someter a los moriscos. Uno de los asuntos más sobresaliente que se trató en aquella reunión fue la limitación de los caballeros cuantiosos, un grupo seminobiliario con obligaciones militares que abundaba en los cabildos andaluces y que llegó a alcanzar gran influencia. Su abolición, sin embargo, no se produjo hasta 1619.

Los reinos andaluces estaban divididos en corregimientos. A través de estas subdivisiones administrativas, hacía llegar el poder central sus decisiones a los distintos territorios de la Corona. Las ciudades andaluzas estaban regidas por los Cabildos, compuestos a su vez por los regidores, y era el Corregidor, como representante del poder central, quien los presidía. Sus atribuciones consistían en juzgar las causas, cuidar del orden público, vigilar los abastecimientos, encargarse de los establecimientos benéficos y otra serie de funciones que afectaban a la buena marcha de los municipios. El corregidor de Sevilla tenía el título de Asistente y sus retribuciones oscilaban entre los 700.000 maravedises, más mil ducados, que recibía el de Sevilla, y los 500 ducados o menos, que recibían los de ciudades como Úbeda, Baeza o Tarifa.

En los ayuntamientos andaluces más pequeños, dado el escaso número de nobles existentes, no se daba el predominio aristocrático en los cabildos, como ocurría en otros lugares de Castilla. El privilegio que tenían los hidalgos de otros municipios para ocupar la mitad de oficios, no tenía objeto en los pequeños municipios andaluces en los que la nobleza inferior era inexistente. Así, eran los pecheros los que ocupaban los puestos de regidores. No obstante, estos cargos fueron monopolizados siempre por los individuos que ostentaban la mayor influencia o el poder económico de cada lugar.

Los jurados sólo formaban parte de los ayuntamientos en los municipios más importantes. Representaban los intereses del pueblo frente a los de la aristocracia que ocupaba las regidurías. En Sevilla, fueron mercaderes y, con frecuencia, judeoconversos, los que detentaron estos cargos durante esta época.

Los ayuntamientos eran los que aprobaban las ordenanzas para el funcionamiento de la ciudad. Algunas de ellas son de una minuciosidad verdaderamente llamativa. En Granada se regulaba hasta la disposición de las mesas en los mesones para atender a la clientela, o el precio de la habitación para el viajero que hacía noche en ellos. Las de Málaga o las de Sevilla, se detenían en especificar las penas con las que podían ser sancionados los regatones o estraperlistas, o la forma en que se habían de regir las mancebías. La aprobación de las ordenanzas gremiales también correspondía a los ayuntamientos y a través de ellas podemos conocer los distintos oficios que se practicaban en las ciudades andaluzas.

La justicia andaluza estaba centralizada en Granada, donde los Reyes

Católicos situaron la Real Chancillería, que era el más alto tribunal existente en el sur de la Península. En realidad, se trataba del traslado que se efectuó en 1505 de la Chancillería que hasta entonces había funcionado en Ciudad Real. El presidente de este alto tribunal era siempre un importante personaje y de él dependían los oidores o magistrados y una serie de funcionarios de la más variada especie y categoría. Durante la época de los Austrias se segregaron de la Chancillería de Granada las Audiencias de Sevilla y de Canarias. Hay que tener en cuenta que en aquella época la justicia era muy deficiente y había grandes disputas por las diferentes jurisdicciones existentes. La Iglesia, la milicia, los nobles, los mercaderes, etc., tenían cada uno sus propios tribunales y sus propias cárceles, lo cual originaba infinidad de problemas de competencias. Si a esto se le une el "afán por pleitear" de la gente de la época, se comprenderá la confusión y la maraña con la que funcionaba la administración de la justicia.

Desde el punto de vista militar, Andalucía estaba dividida en dos Capitanías Generales, una con sede en Granada y la otra en Sevilla.

LOS ACONTECIMIENTOS

La trayectoria histórica de Andalucía a lo largo de los doscientos años en los que la Casa de Austria mantuvo el cetro de la Monarquía Hispánica, corrió pareja a la Historia de Castilla, en cuyo territorio aparecía integrada y de cuyo destino participó sin ningún tipo de resistencia.

Al poco tiempo de iniciarse el reinado de Carlos V, estalló el movimiento de las Comunidades en algunas ciudades castellanas para demandar al Emperador más atención a sus privilegios, frente a las preocupaciones europeístas que le retenían fuera de España. Andalucía se mantuvo al margen de la revuelta. En julio de 1520 las ciudades andaluzas se negaron a enviar a sus representantes a la Junta de Ávila. Es cierto que hubo algunos brotes localizados en Jaén, Úbeda, Baeza, Sevilla y en otras poblaciones andaluzas, pero fueron más bien levantamientos motivados por reivindicaciones de carácter local, que manifestaciones solidarias de la rebelión castellana. Como ha afirmado Joseph Pérez, Andalucía no sólo se mantuvo al margen del movimiento de las Comunidades, sino que incluso organizó una liga en La Rambla, cerca de Córdoba, en la que participaron representantes de las principales ciudades andaluzas para organizar la resistencia a la subversión. La razón de esta actitud hay que buscarla, más que en el deseo de oponerse a una cierta dependencia de las ciudades del centro de Castilla, a los horizontes que se abrían en aquellos momentos a la región andaluza, a punto de convertirse en puente con el Nuevo Mundo, y a la que no le interesaba hipotecar su futuro con aventuras de incierto contenido.

La acogida que Andalucía dispensó al Emperador cuando este acudió a Sevilla a contraer matrimonio con la princesa Isabel de Portugal en 1526, puso de manifiesto la inexistencia de cualquier tipo de reticencia con respecto a la política del César Carlos. La satisfacción que experimentó durante su estancia en Granada, le llevó a ordenar la construcción de un palacio junto al de la Alhambra, aunque ya nunca más volvió para disfrutarlo.

No hubo más alteración ni sobresalto en la trayectoria histórica andaluza hasta el estallido de la rebelión morisca de las Alpujarras en 1568. Felipe II tuvo que enfrentarse con un problema que venía arrastrándose desde los mismos tiempos de la conquista. La población musulmana que había quedado sometida en territorio cristiano mostraba intermitentemente su malestar por la situación en que se hallaba. Sus revueltas eran, con frecuencia, alentadas por los ataques de los piratas berberíscos a las costas andaluzas. En 1568 estalló la Guerra de Granada, y Felipe II se vio obligado a enviar un ejército mandado por Juan de Austria para sofocar la rebelión. Los moriscos fueron deportados y dispersados por la Baja Andalucía y por otros territorios castellanos. Su integración, sin embargo, no fue posible y, años más tarde, Felipe III se vería obligado a promulgar un decreto de expulsión. Según el bando promulgado en Sevilla el 12 de enero de 1610, los moriscos de Granada, Jaén, Córdoba y Sevilla se vieron obligados a salir de la Península y a marchar al Norte de África.

Las consecuencias de la expulsión de los moriscos han sido objeto de debate, pero parece que hay hoy acuerdo entre los historiadores en considerar que su salida no causó tan grave perjuicio económico como en alguna ocasión se había afirmado. Por el contrario, la desaparición de este grupo de personas díscolas e inasimiladas al resto de la población, contribuyó a fomentar la estabilidad de la sociedad de aquellos años.

Se decía que la presencia de los moriscos había alentado las incursiones por la costa andaluza de los piratas del Norte de África. Pues bien, el enfrentamiento con Inglaterra propició el ataque de los ingleses a Cádiz. El pirata Francis Drake, al mando de un considerable número de navíos, entró en la bahía gaditana en 1587 y se apoderó de varios barcos que estaban allí fondeados con sus respectivos cargamentos. A pesar de los esfuerzos que se hicieron para fortificar sus defensas, de nuevo en 1596, el conde de Essex, con mas de cien navíos asaltó la ciudad de Cádiz y permaneció en ella durante diecisiete días, asaltando sus casas y despojando de sus bienes a sus habitantes.

A mediados del siglo XVII se produjeron unos acontecimientos en Andalucía que guardan relación con otros sucesos coetáneos que tuvieron lugar en otras partes de la Monarquía. Entre 1647 y 1652 surgen en varios territorios de la Corona serios intentos de secesión. Unos triunfan, como el de Portugal, que consiguió definitivamente su independencia de la Monarquía Hispánica, a la que se había unido en 1580, y otros hacen peligrar seriamente su secular vinculación con ella, como es el caso de Cataluña.

Andalucía, aunque con menos fuerza que en otros lugares, también fue testigo de un movimiento separatista en estos años. El intento de secesión andaluza fue protagonizado por el duque de Medina Sidonia y por su cuñado, el marqués de Ayamonte, y guardaba una cierta relación con los sucesos de Portugal, de donde había de recibir apoyo. Una serie de circunstancias podían haber favorecido la secesión, como era la crisis de la Monarquía, las protestas sociales, como la del Pendón Verde, que tuvo lugar en Sevilla y que fue debida a la carestía de alimentos, o la presión fiscal, pero la debilidad del propio movimiento y la falta de eco en la población, la convirtieron en una anécdota sin la mayor trascendencia.

Las letras y las artes

El auge y la preponderancia que alcanzó Andalucía en el conjunto de la Monarquía Hispánica, fue acompañado por un notable florecimiento cultural y artístico, que se pone de manifiesto en las numerosas obras literarias y en las incontables piezas artísticas que forman parte del patrimonio de esta región. El estilo renacentista se impuso en el siglo XVI. Posteriormente, el Barroco hizo su aparición en los años finales del siglo XVI y se extendió a lo largo de la centuria siguiente. Sus características más significativas son, la ruptura con lo clásico, el desbordamiento de las formas y la exageración de los adornos. Sería una corriente que alcanzaría su máxima expresión en Andalucía y que no se limitaría a conformar unas determinadas formas artísticas o literarias, sino que llegarían a constituir un estilo de vida.

En lo que respecta a la lengua, la modalidad andaluza del castellano, con sus peculiaridades fonéticas, morfológicas y sintácticas, se extendió más allá de Andalucía, como en las regiones murciana y extremeña, y ejerció una notable influencia en América. El andaluz Elio Antonio de Nebrija (Lebrija, 1442-1522) fue el autor de la primera gramática castellana. Otros andaluces, como el cordobés Hernán Pérez de Oliva (1494-1531), los sevillanos Pedro Mexía (1499-1551) y Juan de Mal Lara (1524-1571), Fray Luis de Granada (1504-1588) o el utrerano Rodrigo Caro (1573-1647), fueron algunos de los humanistas sobresalientes que dieron lustre a las letras españolas de aquella época. Con sus escritos, sus tertulias, sus bibliotecas y sus justas literarias, contribuyeron a crear en Andalucía el foco cultural más importante de la etapa de los Austrias.

La riqueza y la variedad de tipos que desfilaron por la escena andaluza durante aquellos años, quedó reflejada en buena parte en algunas de las novelas más sobresalientes del género picaresco. El Guzmán de Alfarache de Mateo Alemán (Sevilla 1547-México ?), constituye todo el signo de una época, ya que en esta obra se refleja toda aquel mundo fronterizo entre la mendicidad, la aventura y el delito, a través de la peripecia del personaje. La lozana andaluza, del cordobés Francisco Delicado (1480- ?), aunque escoge como escenario a Roma, busca también el propósito de reflejar la realidad de aquel abigarrado conjunto humano de la ciudad italiana, a través de la personalidad de su protagonista.

El teatro y la poesía alcanzaron también un notable desarrollo en Andalucía en la época del Barroco. Por citar a una figura señera de la literatura universal, cuyo origen cordobés le convierte en uno de los andaluces más sobresalientes de esta época, haremos aquí referencia a

Luis de Góngora (1561-1627). Sus recursos artificiosos, el cultismo de su lenguaje y su renovación estética, le sitúan en la cima de la literatura de todos los tiempos.

En el terreno de la enseñanza, hay que destacar la creación de las universidades andaluzas de Granada y Sevilla durante el reinado de los Reyes Católicos. La primera, fue de fundación real y comenzó su andadura en 1492 con un primer seminario bajo la advocación de San Cecilio. La segunda nació a iniciativa del eclesiástico Maese Rodrigo Fernández de Santaella, que obtuvo la autorización del Ayuntamiento de Sevilla para crearla en 1502. Otros centros superiores de enseñanza hicieron su aparición en estos años, como los de Osuna y Baeza, que consiguieron notable prestigio en poco tiempo.

El hecho de que Sevilla alcanzara un considerable grado de riqueza y de auge económico, como consecuencia de su condición de Puerta de Indias, le permitió convertirse en impulsora de obras de arte que quedarían como patrimonio de la ciudad para los siglos venideros. Las iglesias y los conventos sevillanos intensificaron sus encargos a arquitectos, pintores, escultores, que con sus obras contribuyeron a convertir a la ciudad andaluza en la capital artística de la Monarquía. Baste citar los nombres de los pintores sevillanos, Diego Velázquez, Bartolomé Estaban Murillo, o Valdés Leal, y a los escultores Pedro Roldán, Martínez Montañés, o Juan de Mesa, para darse cuenta de la importancia de la escuela de artistas sevillanos.

Pero también otras ciudades y pueblos andaluces participaron de este enriquecimiento artístico provocado por la munificencia y el mecenazgo de la Iglesia, por una parte, y por la proliferación de artistas por otra. Además, nobles y burgueses contribuyeron en buena medida a este desarrollo de las artes, encargando cuadros para adornar sus casas y palacios.

Las nuevas corrientes renacentistas que irrumpieron en las regiones andaluzas que fueron reconquistadas por los Reyes Católicos, dieron lugar a la construcción de algunas catedrales de ese estilo. Tal es el caso de las de Jaén, Málaga y Granada. La Corona impulsó también algunas obras, como el Palacio de Carlos V en Granada y el pabellón que el Emperador mandó construir en el Alcázar de Sevilla. Obras civiles destacadas, fueron asimismo el Ayuntamiento Hispalense, el palacio de Calahorra en Granada o el de Vélez Blanco en Almería.

La escultura barroca alcanzó su máxima expresión en los retablos y en las imágenes que adornaron los templos andaluces. Puede hablarse claramente de una escuela con personalidad propia y dentro de ella, con ciertas diferencias entre Granada y Sevilla. Sin embargo en ambas destaca la expresividad de las figuras religiosas y la belleza plástica de sus rostros.

En suma, resulta muy difícil hacer siquiera una relación somera de la aportación andaluza al mundo del arte y de la cultura en un período que fue sin duda el más brillante de toda su Historia en este terreno. Afortunadamente, todavía queda en el paisaje urbano de sus ciudades, en el interior de sus templos, o en las colecciones de sus museos y bibliotecas, una muestra de lo que significó aquel Siglo de Oro en Andalucía. La nostalgia de lo que fue y nunca volvió a recuperar, ha sido con frecuencia para algunos andaluces motivo para caer en la tentación de mirar más al pasado que al futuro. La imagen de una Andalucía protagonista de una etapa en la que desempeñó un notable liderazgo en la proyección de la Monarquía en el Nuevo Mundo, le ha llevado a tratar de recuperar glorias pasadas, sin pensar que aquello terminó y que la Historia siguió su curso trazando nuevos derroteros que serían irreversibles.

La Andalucía de la Ilustración

El agotamiento de la dinastía de los Austrias a finales del siglo XVII con la muerte de Carlos II, abrió una nueva etapa en la Historia de Andalucía. La llegada de los Borbones al trono español el mismo año en que se inició el siglo XVIII, significó un cambio de orientación en el curso de la trayectoria de España y, como consecuencia, también de la región andaluza. Los reinados de Felipe V, Fernando VI, Carlos III y Carlos IV, presiden el transcurso de esta centuria, en la que, en términos generales, puede hablarse de una cierta recuperación del país con respecto a la crisis por la que había atravesado en el siglo anterior. Las reformas que pusieron en marcha estos monarcas, junto con las nuevas ideas de la Ilustración, que hicieron su aparición durante el reinado de Carlos III, contribuyeron en alguna medida a la modernización del país. Andalucía conoció también los efectos de este reformismo borbónico, aunque su desarrollo fue menos significativo que el de otras regiones españolas.

La Guerra de Sucesión en Andalucía

La entronización de Felipe V de Borbón en España tuvo que salvar la dificultad que suponían las pretensiones de la rama austríaca de los Habsburgo para situar al archiduque Carlos como heredero legítimo de la Monarquía Hispánica. La disputa dinástica dio lugar a una guerra en la que intervinieron varios países europeos. En la Guerra de Sucesión, como se la denominó, no sólo se dilucidaba el futuro de la Monarquía española, sino que se ponía en juego el equilibrio europeo, ya que algunas naciones, como Inglaterra, temían la potencia que podría surgir en el continente con la previsible alianza de las dos ramas de la casa de Borbón en Francia y en España.

La Guerra, que se desarrolló en varios escenarios de Europa entre 1700 y 1713, tuvo una especial incidencia en Andalucía. Al contrario que otras regiones españolas, como Cataluña, que se decantaron a favor del candidato austríaco, Andalucía mostró su preferencia por el candidato Borbón. Así, sus costas se vieron afectadas por la guerra, ya que la posición privilegiada de que disfrutaban sus puertos en la relación que la Monarquía mantenía con América, convertían a esta región en pieza clave en el conflicto. La flota angloholandesa se plantó ante el puerto de Cádiz en julio de 1702. Aunque la plaza resistió el ataque, los aliados desembarcaron en la población aledaña del Puerto de Santa María, cometiendo toda clase de excesos contra sus habitantes. La conmoción que provocaron estos sucesos, hizo que se movilizasen todos los andaluces, los cuales se aprestaron a organizar una mayor resistencia para prevenir ulteriores ataques.

En 1704 se produjo la toma de Gibraltar por una escuadra inglesa, de la que formaban parte también algunos buques holandeses, al mando del almirante Rooke. La idea era la de procurar desde aquel punto la sublevación de la población andaluza en favor del Archiduque Carlos. El Peñón se hallaba mal guarnecido, y sus defensores, apenas un centenar de soldados, no pudieron evitar el desembarco. Los habitantes se vieron obligados a desalojar la plaza, refugiándose muchos de ellos en los alrededores de la vecina ermita de San Roque, sobre la que posteriormente se fundaría una nueva población con ese nombre. Los atacantes arbolaron el pabellón británico y tomaron posesión de la fortaleza, dejando allí una guarnición para preservarla de posibles intentos de recuperación. El capitán general de Andalucía, marqués de Villadarias, reunió algunas tropas e intentó reconquistar la Roca en 1705, pero su asedio resultó infructuoso.

En 1713 se firmó el tratado de Utrecht, mediante el cual se daba por finalizada la guerra y se confirmaba la entronización en España de Felipe V de Borbón. Pero en el artículo X de este tratado se establecía la cesión de Gibraltar por parte de la Corona a Inglaterra "sin jurisdicción territorial alguna y sin comunicación abierta con la región circunvecina por parte de tierra". El documento establecía otras limitaciones a la posesión inglesa, a las que los conquistadores harían caso omiso con el paso del tiempo. Tales eran, la prohibición de la estancia de moros y judíos en la plaza, o la misma incomunicación terrestre. En lo sucesivo, Gibraltar se convertiría en un elemento de permanente reivindicación por parte de España, que utilizaría medios militares y diplomáticos para obtener su devolución por parte de Gran Bretaña. El Peñón seguiría, sin embargo, en manos inglesas, y además de una pieza estratégica en el control del paso por el Estrecho, se convertiría en una plataforma de indudable valor económico para la introducción de mercancías de contrabando en España, a través de las costas andaluzas.

Durante el reinado de Felipe V se llevaron a cabo algunos intentos de recuperación de Gibraltar por la fuerza. En 1727, un ejército terrestre formado por 17.000 hombres al mando del conde de las Torres puso asedio a la plaza. Sin embargo, después de varios meses de inútiles ataques, hubo de levantarse el cerco. Durante el reinado de Fernando VI, los deseos de éste de preservar la paz a toda costa, impidieron poner en marcha cualquier iniciativa en esta cuestión. Su sucesor, Carlos III, con motivo de un nuevo enfrentamiento con Inglaterra, llevó a cabo el esfuerzo más importante de todos los que se efectuaron en el siglo XVIII para devolver Gibraltar a la soberanía española. Gran parte de la población andaluza se movilizó para preparar un gran asedio a la plaza. Los ayuntamientos de sus ciudades, las corporaciones y los ciudadanos particulares, contribuyeron en la medida de sus posibilidades a apoyar la operación. El Tercer Pacto de Familia, firmado con Francia, facilitó la formación de una escuadra franco-española destinada a completar por mar el cerco que efectuarían las tropas terrestres. Se realizaron preparativos consistentes en construir unas plataformas flotantes que desde el mar bombardeasen las defensas inglesas. Tanta curiosidad despertaron las innovaciones técnicas que se pusieron en marcha por parte de los ingenieros militares, que hubo observadores de otros países que vinieron expresamente a seguir las operaciones. El ataque se inició el 9 de octubre de 1782, pero todo fue inútil. Las defensas inglesas, que también se habían preparado convenientemente, resistieron a la dureza de la ofensiva. Hubo una gran cantidad de pérdidas humanas, entre ellas la del escritor gaditano José Cadalso, y al final hubo que desistir de nuevo de la recuperación de Gibraltar. A partir de ese momento, las gestiones españolas se centrarían más en las negociaciones diplomáticas que en las acciones militares.

LAS REFORMAS ADMINISTRATIVAS

La época de los Borbones se caracteriza por sus reformas tendentes al absolutismo político y al centralismo administrativo. El respeto que los Austrias habían demostrado hacia los particularismos de cada uno de los territorios que formaban parte de la Monarquía, desapareció con la nueva dinastía. Sobre todo en aquellos territorios que habían tomado partido por el Archiduque Carlos en la Guerra de Sucesión.

En lo que respecta a Andalucía, ésta no se vio afectada por ninguna medida especial, sino que participó de cuantas reformas se aplicaron en los territorios castellanos, de los que siguió formando parte como lo había hecho en la etapa anterior.

Felipe V sintió una especial predilección por Andalucía, que lo había apoyado desde su instauración en el trono en 1700, como pusieron de manifiesto los acuerdos capitulares de sus ciudades más importantes. Viajó a Sevilla, al parecer por razones de salud, en 1729 y se estableció en esta ciudad hasta 1733. Fueron cuatro años en los que la capital andaluza se convirtió en sede de la Corte, con toda la proyección, y también con todos los gastos, que eso significaba. El monarca efectuó varias visitas a distintas poblaciones andaluzas, como a Sanlúcar, a Cádiz y a Granada, y desplegó una notable actividad, de la que hay que destacar la firma del tratado de Sevilla.

En 1717 se produjo el traslado oficial de la Casa de Contratación de Sevilla a Cádiz. En realidad, la mayor parte de las transacciones comerciales con Indias, se hacían ya en la ciudad de Cádiz desde mediados del siglo XVII. De todas formas, el papel que desempeñó esta institución en su nueva sede fue distinto, ya que las circunstancias de las relaciones con América cambiaron considerablemente en la etapa borbónica. De hecho, la Casa de Contratación experimentó una progresiva pérdida de importancia a partir de su traslado. Para Cádiz, sin embargo, la consecución del monopolio comercial, significó el inicio de un desarrollo extraordinario. A pesar de que cada vez era más difícil controlar el contrabando con las colonias, el trafico marítimo creció espectacularmente en la bahía gaditana. Esta ciudad se convirtió, en expresión de Fray Gerónimo de la Concepción, en un "Emporio del Orbe", en el sentido de que comenzaron a establecerse en ella comerciantes y mercaderes de todas partes de la Monarquía y de otras naciones de Europa, para efectuar las transacciones desde su activo puerto, y esto produjo un flujo de riquezas como nunca se había conocido. Cádiz heredó, por tanto, el papel que había desempeñado Sevilla como cabecera de Indias durante la etapa de los Austrias.

Una innovación significativa que introdujo la administración borbónica, fue la figura del Intendente. Como otras reformas que se efectuaron en esta época, se adaptó el modelo francés de una figura que contribuía a hacer llegar las decisiones del poder central a todos los territorios de la Monarquía. El Intendente, que comenzó siendo un funcionario que entendía solamente de la administración y la economía del ejército en cada uno de los reinos, terminó asumiendo una serie de competencias que lo convirtieron en verdadero representante del poder central. José Patiño en Cádiz y Pablo de Olavide en Sevilla, fueron quizás los más destacados intendentes, aunque el primero ejerció a comienzos de siglo y Olavide durante el reinado de Carlos III.

El control que la Corona comenzó a ejercer sobre los municipios, contribuyó a sanear su administración y a erradicar prácticas tan nefastas como era la venta de cargos y de oficios. No obstante, la precariedad de las haciendas municipales, obligó a sus regidores a aumentar los arbitrios para atender a las necesidades de los ciudadanos. Así, la compraventa de productos como el vino, la carne, el aceite y otros similares, generaban unos ingresos que, por ejemplo en Sevilla eran los más importantes de la ciudad.

Con el objeto de establecer un impuesto directo sobre la riqueza, en vez de basar los ingresos de la Hacienda Pública en los impuestos indirectos, durante el reinado de Fernando VI se inició la tarea de evaluar la riqueza de los españoles para establecer un impuesto único, mediante lo que se llamó el *Catastro de Ensenada*, por ser el marqués de la Ensenada el ministro que impulsó y llevó a cabo el proyecto. La evaluación se hizo, y gracias a ella tenemos hoy una documentación riquísima que nos permite conocer el estado de España, y con él la situación de los pueblos y ciudades andaluces, a mediados del siglo XVIII. Sin embargo, dificultades insalvables y la lógica oposición de quienes no querían

contribuir a financiar a la Corona en proporción a la riqueza que poseían, impidieron su aplicación.

La demografía y las Nuevas Poblaciones

Para la época de los Borbones contamos con mejores fuentes de información que nos permiten conocer con mayor rigor las cifras de la población andaluza y su evolución a lo largo del siglo. El recuento que se efectuó entre 1712 y 1717 y que se conoce como el *Vecindario de Campoflorido*, nos ofrece la cifra de un millón aproximado de andaluces para estos años. No obstante, los especialistas afirman que este censo peca por defecto. De todas formas, si comparamos esta cifra, con todas sus imprecisiones, con la que nos proporciona el llamado Censo de Godoy, que se realizó al final de siglo, en 1797, y que arroja un número de poco más de 1.900.000 andaluces, tendremos que convenir que la población andaluza creció considerablemente a lo largo del siglo. A pesar de todo, no puede hablarse de una revolución demográfica en Andalucía, similar a la que se estaba dando en otros lugares de Europa. En Granada es donde el crecimiento demográfico registra unas cifras más espectaculares, ya que su población aumentó entre un cincuenta y un setenta por ciento en los dos primeros tercios del siglo.

La razón de este crecimiento hay que buscarla, sobre todo, en la desaparición de las epidemias que tan terrible mortandad habían causado en épocas anteriores. La mejora de las condiciones higiénicas y la más racional alimentación que, en general, conocieron los andaluces, explican también el aumento poblacional. Sin embargo, todavía en el siglo XVIII la transmisión de enfermedades contagiosas seguía siendo un mal difícil de erradicar. Las fiebres tercianas, el vómito negro, la fiebre amarilla y otras epidemias similares, hicieron su aparición con intermitencia en Granada, Jaén, Málaga, Cádiz a lo largo de la centuria.

Otras calamidades naturales dejaron sentir su presencia en Andalucía, siendo la de mayor trascendencia el terrible terremoto que tuvo lugar en 1755 y que, aunque no produjo muchas víctimas, dejó sentir sus efectos catastróficos sobre el caserío de algunas ciudades, como Sevilla y Málaga. En estas ciudades se erigieron monumentos dedicados a imágenes religiosas, en señal de agradecimiento por no haber tenido el terrible seísmo mayores consecuencias.

Directamente relacionada con la percepción de la despoblación de España que tenían los contemporáneos, y producto de las ideas ilustradas que informaban la mentalidad de los gobernantes del siglo XVIII, está la cuestión de las Nuevas Poblaciones en Sierra Morena. Uno de los objetivos principales que movió a los impulsores de este proyecto, fue el deseo de poblar las zonas desiertas existentes en la ruta de Madrid a Cádiz, que era por donde hacían su tránsito terrestre las mercancías y las riquezas que entraban y salían por el puerto andaluz. Otro objetivo era el de crear un tipo de sociedad de nuevo cuño, en la que quedarían desterradas las lacras que habían impedido hasta entonces la modernización del país.

Existían tres extensiones de territorio especialmente deshabitados en este camino. Uno, antes de llegar a Sierra Morena, otro entre Córdoba y Ecija, llamado El desierto de la Parrilla, y el último en el recorrido entre Ecija y Carmona, que era el conocido como La Moncloa. La repoblación de estos lugares debería hacerse siguiendo un modelo idealizado, según el cual, no habría diferencias sociales, ni manos muertas, ni privilegios de la Mesta, ni ningún otro tipo de rémora del pasado que impidiese el desarrollo de una nueva sociedad, que serviría de ejemplo para el resto de los españoles.

Para llevar a cabo el asentamiento de los nuevos pobladores en estas tierras se aceptó la proposición de un oficial bávaro, Juan Gaspar Thurriegel, quien se comprometió a traer a seis mil colonos católicos alemanes, suizos y flamencos. La repoblación comenzó en 1769 y como fiscalizador de todo el proceso se nombró al Intendente de Sevilla, Pablo de Olavide, quien previamente había emitido un informe favorable sobre el proyecto. A cada uno de los colonos se le entregaron cincuenta fanegas de tierra de labor, además de algunos animales, como dos vacas, cinco ovejas, cinco cabras, algunas gallinas y un cerdo. Cada población tendría de quince a treinta casas y cada tres o cuatro poblaciones formarían una feligresía. Se estableció también que estas colonias no estuvieran cerca de los antiguos pueblos, para evitar disputas, y se fomentarían los enlaces de los nuevos pobladores con los antiguos, excepto al principio con los naturales de los reinos vecinos, para evitar que éstos se despoblasen. En cuanto a su asistencia religiosa, ésta debía recaer en un párroco, ya que no se permitiría el establecimiento de ningún convento ni orden regular en aquellas comunidades, aunque en un principio se encomendó a los capuchinos alemanes –en razón de la lengua– que atendiesen a los colonos.

Teóricamente, la operación debía dar buenos resultados, pero en la práctica pronto comenzaron a surgir dificultades. Por lo pronto, Thurrieguel, se preocupó más de reunir el número de colonos requeridos –él recibía una cantidad del gobierno por cada uno de ellos– que de seleccionarlos adecuadamente. Así, llegaron a las tierras escogidas personas que no tenían ninguna experiencia agrícola y que, además, les costaba mucho adaptarse a un clima tan extremo como el que imperaba en Sierra Morena, muy caluroso durante el verano y muy frío durante el invierno. Por otra parte, las tierras de los asentamientos no eran precisamente muy aptas para la explotación agrícola. Se generalizaron los descontentos y Fray Romualdo de Friburgo, uno de los capuchinos alemanes que los asistía, encabezó la protesta de los más airados. Algunos de los extranjeros enfermaron y otros decidieron volver al poco tiempo a sus países de origen, de tal manera que hubo que admitir a españoles para que los sustituyesen, lo que hizo que se superara el número inicial previsto. De todas formas, de los diez mil individuos aproximadamente que iniciaron la colonización, sólo quedaban poco más de seis mil, veinte años más tarde.

Estos problemas y el papel que jugó Olavide en la dirección del asentamiento de las Nuevas Poblaciones, le supusieron al intendente una denuncia ante el Santo Oficio en 1775 y la iniciación de un proceso que terminaría por generar su caída. Fue despojado de sus cargos y condenado a ocho años de prisión.

No obstante las dificultades con las que tropezó este proyecto, las Nuevas Poblaciones salieron adelante. Pueblos como La Carlota, La Carolina, Guarromán, La Luisiana y otros parecidos, sobrevivieron a todos los inconvenientes y todavía hoy día pueden apreciarse en muchos de sus habitantes los rasgos característicos de sus ascendientes nórdicos del siglo XVIII.

La sociedad andaluza de la Ilustración

Las fuentes existentes en el siglo XVIII, y entre ellas, el *Catastro de Ensenada*, nos permiten trazar una radiografía de la sociedad andaluza con mayor precisión que en épocas precedentes.

La estructura social no cambió sustancialmente con respecto a las centurias anteriores, si bien es cierto que durante la época de la Ilustración se detectan diversos síntomas de transformación, que comienzan a romper algunos de los obstáculos que habían impedido hasta entonces la movilidad de los sectores más dinámicos de la población. Por otra parte, en Andalucía se registra una suavización de las barreras que dividían a los distintos grupos sociales y abundan los testimonios que ponen de manifiesto una mayor familiaridad entre unas clases y otras.

En lo que respecta a la nobleza, la documentación mencionada nos confirma la debilidad numérica que presentaba en toda la región, lo cual no guarda ninguna proporción con su extraordinario potencial económico. En el reino de Sevilla había a mediados de siglo 5.500 nobles, lo que representaba un 0,87 por ciento del total de la población. Estas cifras reflejan una reducción con respecto a la época de los Austrias, pero esa disminución se refiere a la baja nobleza que ya era de por sí escasa en Andalucía, como se recordará. La alta nobleza, por el contrario, no sólo no disminuyó, sino que registró un cierto incremento como consecuencia de la aparición de nuevos títulos por servicios a la Corona o simplemente por compra. Las ciudades andaluzas, como Granada, Sevilla o Córdoba, seguían siendo grandes centros nobiliarios, aunque algunos titulares de las Casas más renombradas emigraron a la Corte en estos años. Tal fue el caso de los duques de Medinaceli, los duques de Osuna o los marqueses de Estepa.

La base económica de la nobleza seguía residiendo en sus extensas propiedades que les proporcionaban cuantiosas rentas. No obstante, algunas de las más importantes casas nobiliarias atravesaron dificultades económicas, especialmente por los considerables dispendios que suponían el mantenimiento de una numerosa servidumbre y el desarrollo de un lujoso tren de vida. Era frecuente que tuvieran que solicitar importantes préstamos, los cuales amortizaban a veces con bastantes dificultades.

La Corona trató de rescatar algunos señoríos, pero no siempre pudo conseguirlo, puesto que los nobles opusieron una considerable resistencia y los reyes no estaban dispuestos a granjearse la enemistad de los más poderosos. Uno de los casos en que los pleitos que se entablaron para liberar del dominio señorial a algunos pueblos, se fallaron en contra de la nobleza, fue en Córdoba, donde el duque de Medinaceli perdió algunos de sus señoríos por sentencia de los tribunales, en 1767.

En esta época alcanzaron un notable desarrollo en Andalucía las Reales Maestranzas de Caballería, que eran corporaciones o cofradías nobiliarias que se habían creado en algunas de sus ciudades para emular, con sus reuniones, actividades y festejos, a la nobleza cortesana que se desenvolvía en la capital. Las Maestranzas de Sevilla, Granada y Ronda alcanzaron gran relieve en la organización de juegos ecuestres y en la celebración de corridas de toros. En este sentido, la construcción de las plazas de toros de Sevilla y Ronda, revela la pujanza de esta nobleza provinciana.

Los eclesiásticos registraron en Andalucía en este siglo, desde el punto de vista numérico, una sensible disminución. Sin embargo, los ilustrados levantaron con frecuencia sus quejas contra su excesivo número y su escasa utilidad social, por su ignorancia y su carácter parasitario. Para Jovellanos, "a las monjas había que ponerlas a hacer calceta" y Olavide criticaba el gran número de iglesias y conventos que existía en Sevilla. De todas formas, la proporción sacerdote-fiel en Andalucía era una de las mayores del país, y el fenómeno puede tener su explicación por el alto grado de señorialización de la región, lo que fomentaba la existencia de una nube de capellanes que no cumplían ningún ministerio, sino que vivían al amparo de las grandes familias nobiliarias.

Las estadísticas de la época nos ofrecen unas cifras que giran en torno a los 450 conventos masculinos en Andalucía en la segunda mitad del siglo XVIII. Estos conventos incluían un total de 12.000 religiosos aproximadamente. En cuanto a los conventos femeninos, las cifras los sitúan en torno a las 250 casas, con unas 7.000 monjas. La ascendencia que este sector del clero tenía sobre la población, seguía siendo muy importante y algunos de sus miembros llegaron a alcanzar una extraordinaria popularidad con sus prédicas y sus sermones, como fue el caso de Fray Diego José de Cádiz.

La expulsión de los jesuitas en 1767, durante el reinado de Carlos III, fue uno de los incidentes que más afectó al clero regular a lo largo de todo el siglo XVIII. Sus bienes fueron confiscados por la Corona y en la mayor parte de los casos, sus edificios y su rico patrimonio cultural, pasaron a manos de instituciones civiles o universidades.

La inmensa mayor parte de los andaluces integraban el llamado "estado llano", pues durante todo el siglo XVIII, aunque se detecta una cierta movilidad social, siguió prevaleciendo la jerarquización propia del Antiguo Régimen, con la existencia de tres estamentos, a dos de los cuales –nobleza y clero– la ley les reconocía una serie de privilegios.

Dentro del estado llano, la población rural seguía siendo la más numerosa en Andalucía. Aunque en el siglo XVIII se registró un proceso de urbanización de la población, todavía continuaban siendo una mayoría considerable los que vivían del campo y desarrollaban una actividad relacionada con este medio. Lo que ocurre es que en Andalucía resulta difícil establecer el límite entre la población rural y la urbana, ya que muchos campesinos, aunque practicaban la agricultura, vivían en pueblos que llegaron a alcanzar una dimensión tal, que podrían ser considerados como capitales comarcales. Este era el caso, por ejemplo, de Antequera, Écija, o Pozoblanco.

El *Catastro de Ensenada* nos ofrece algunos datos sobre este sector de la sociedad. En el reino de Granada, por ejemplo, la población activa agrícola alcanzaba la cifra de 90.000 individuos; en Sevilla, 98.000; en Córdoba, 40.000 y en Jaén, 35.000. La mayor parte del campesinado andaluz eran jornaleros sin tierra, y vivían en malas condiciones ya que su sustento dependía del trabajo que le ofrecían los agricultores propietarios. Las épocas en las que escaseaba el trabajo, muchos de ellos tenían que dedicarse a mendigar para poder sobrevivir. Aunque los ilustrados denunciaron con frecuencia las miserables condiciones de los campesinos sin tierra, poco se hizo para remediar su situación, ya que aunque se llevaron a cabo algunas desamortizaciones a finales de la centuria, las tierras liberadas no vinieron precisamente a parar a manos de los más necesitados.

Entre la población propiamente urbana, hay que destacar a la burguesía comercial del algunas ciudades andaluzas, especialmente de Cádiz, en razón del destacado lugar que ocupó en la Carrera de Indias. La pujanza comercial de la ciudad de Hércules, dio lugar al desarrollo de una burguesía, que estaba llamada a imprimirle una personalidad especial en el futuro. Aunque estos comerciantes gaditanos no ejercían más que el papel de intermediarios entre los proveedores procedentes de otros centros de producción europeos y el mercado americano, muchos de ellos consiguieron enriquecerse con sus actividades. Sevilla, por el contrario, siguió sumida en una situación de postración como consecuencia de la pérdida del monopolio, y eso se reflejaba también en los sectores económicos más activos de su población.

Los artesanos no aparecen ya tan sujetos a las rígidas ordenanzas gremiales que hasta entonces habían regulado su trabajo, sobre todo al final de la centuria, y continuaron siendo un grupo activo que dejó sentir su importante presencia en la vida urbana. Por el contrario, desaparecieron en el siglo XVIII los moriscos, los judeoconversos y los pícaros, y disminuyó considerablemente el número de esclavos. Siguió habiendo mucha mendicidad en las ciudades y los gitanos también seguían constituyendo un grupo marginal importante, a pesar de las disposiciones que promulgaron los Borbones para su integración o su expulsión. De los 11.000 gitanos que al parecer había en España, casi 8.000 vivían en Andalucía.

Economía e Ilustración en Andalucía

El siglo XVIII es considerado como una etapa de recuperación económica en toda España. También en Andalucía, el reformismo de los Borbones dio lugar a un desarrollo económico y a una cierta prosperidad, al menos en algunos sectores concretos.

Los ilustrados se dieron cuenta de que el principal problema para el desarrollo de la agricultura, era la persistencia de las ancestrales estructuras de la propiedad de la tierra, amén del atraso que existía en cuanto a las técnicas de cultivo y el aprovechamiento del suelo. A pesar de que Gaspar Melchor de Jovellanos y José de Campomanes, ofrecieron, en la segunda mitad del siglo, un diagnóstico de la situación de la agricultura y de sus males, poco se hizo para remover los obstáculos que impedían su desarrollo. Lo que sí se percibe en Andalucía en esta etapa es un incremento de la superficie cultivada, así como la aclimatación de nuevos cultivos como el de la patata, el del maíz, el del tomate y el de la caña de azúcar. El cereal, sin embargo, seguía siendo el cultivo más extendido. Le seguían la vid y el olivo.

De todas formas, es necesario recordar la diversidad de situaciones que presentaba el campo andaluz entre la parte occidental y la parte oriental, e incluso entre unas comarcas y otras, tanto por las diferencias en cuanto a la estructura de la propiedad, como por el contraste entre los productos que cultivaban.

En 1765 se suprimió la tasa del trigo, lo cual significaba una liberalización de los precios de los productos agrícolas. La medida produjo una inmediata alza de precios, y como consecuencia de ello, estallaron varios motines populares. El famoso Motín de Esquilache de 1766 tuvo mucho que ver con estos sucesos.

Donde quizás se dejó sentir con más fuerza el intervencionismo borbónico en la economía fue en el sector de la industria. De iniciativa estatal fue la creación de la Fábrica de Tabacos de Sevilla, que pronto se convirtió en la industria más importante de Andalucía, por las rentas que generaba y por el número de individuos que trabajaban en el magnífico edificio que se construyó para albergarla. Otras industrias estatales eran la ceca, para la fabricación de monedas y la maestranza de artillería para atender al abastecimiento de armas y municiones para el ejército. Otras industrias menores en Ronda, o Granada, contaron también con el apoyo estatal, hasta que su escasa competitividad les hizo languidecer hasta su desaparición.

Hubo también un desarrollo de la artesanía textil, pero más que nada para el consumo local. En Sevilla se creó en 1747 la Real Compañía de San Fernando, con la finalidad de establecer fábricas de lana, lino y cáñamo, pero después de algunos años de incertidumbre, terminó por desaparecer. Incluso la seda granadina, que se había recuperado algo después de la expulsión de los moriscos y que trató de impulsarse mediante la creación de la Real Compañía de Fábricas y Comercio en 1747, carecía de calidad suficiente para mantener su expansión por otros mercados.

El comercio con América mantuvo su pujanza, sin que el cambio de escenario del monopolio le afectase negativamente, sino todo lo contrario. El sistema de flotas que reunía a los barcos que hacían la travesía del Océano para su mayor protección frente a los ataques de los enemigos, y que se había practicado durante la época de los Austrias, fue desapareciendo en el siglo XVIII. En su lugar, se estableció el sistema más flexible que permitía una mayor agilidad en la intercomunicación con Indias. Pero la reforma más importante que pusieron en marcha los Borbones durante todo el siglo XVIII en esta cuestión del trafico con América fue el Decreto de Libre Comercio de 1778. Mediante este decreto, fueron autorizados 13 puertos peninsulares y 20 en América para recibir y despachar navíos, lo que acababa con el sistema de puerto único. La medida, no sólo no afectó negativamente al puerto que hasta entonces se había beneficiado del sistema del monopolio, sino que, como se ha demostrado estadísticamente, a partir de la fecha de su promulgación, el puerto de Cádiz vio incrementar el movimiento de navíos que fondeaban en su bahía. La infraestructura existente y la favorable posición geográfica que el puerto gaditano seguía teniendo en la Carrera de Indias, explican este crecimiento.

La Cultura de la Ilustración

Las nuevas corrientes culturales procedentes de Europa, contribuyeron a cambiar la mentalidad de algunos andaluces, que se dieron cuenta de que había que romper con ciertas rémoras del pasado para encontrar el camino de la modernización. En efecto, las nuevas ideas, que dieron lugar a la Ilustración, fueron aceptadas por un sector de la burguesía, especialmente funcionarios, y por algunos de los nobles más inquietos. Sin embargo, la mayor parte de los andaluces permanecieron ajenos a las novedades, e incluso muchos las consideraron como peligrosas y desestabilizadoras. Las actitudes a favor de estas corrientes o en contra de ellas iban a dividir a la sociedad española y andaluza, y esa división marcaría dramaticamente su trayectoria en los años sucesivos.

Uno de los centros más activos de las nuevas ideas de la Ilustración, estaba en Sevilla. La llegada a esta ciudad de Pablo de Olavide como

Asistente en 1767, contribuyó a la difusión de las corrientes del pensamiento europeo entre un círculo de intelectuales y de personas sobresalientes de la ciudad. Olavide había traído de Francia una buena biblioteca en la que se contaban las obras de los más destacados representantes de las "luces" de aquel país. A la tertulia que organizó en el Alcázar sevillano, lugar de su residencia, acudían personajes, como el conde del Aguila, Gaspar Melchor de Jovellanos, a la sazón fiscal de la Audiencia, y otros altos funcionarios y miembros de sociedad de la capital andaluza. En estas reuniones, se discutía sobre las propuestas de los *philosophes*, se hablaba de la situación de la economía, se trataba de buscar soluciones racionales a los problemas de la agricultura y, en fin, se intentaba remover los obstáculos que impedían el progreso del país. Pero se hablaba mucho y se hacía poco. En realidad, era más en el terreno de la teoría en el que se movían estos ilustrados, porque la resistencia que encontraban a la aplicación de las reformas, hacía prácticamente inviable cualquier acción concreta.

La Universidad fue una de las pocas instituciones que se benefició de algunas de las reformas predicadas por los ilustrados. Olavide consiguió a medias sacar adelante una renovación de la Universidad de Sevilla, mediante el establecimiento de unos nuevos planes de estudio, más acordes con los tiempos que corrían y desprendidos de esa dependencia de la influencia religiosa que los habían caracterizado desde su creación, a comienzos del siglo XVI. En Granada, también la reforma de la Universidad intentó separar a la institución de la influencia eclesiástica, aunque tampoco se puede decir que lo consiguiera completamente, ya que era la alta jerarquía capitular la que seguía controlándola.

Un buen impulso recibieron también las academias, que en Andalucía tenían una tradición muy antigua, pero que alcanzaron su apogeo en el siglo XVIII, al amparo del interés por la difusión de la enseñanza, de la cultura y de las ciencias. De 1700 data la creación de la Academia de Medicina de Sevilla y en 1751 se creó en esta ciudad la Real Academia Sevillana de Buenas Letras. En 1775, nació la Real escuela de las Tres Nobles Artes, que estaba llamada a convertirse con el paso de los años en Academia de Bellas Artes de Santa Isabel de Hungría. También aparecieron, años más tarde, otras Reales Academias en Granada y en Cádiz.

Las Sociedades Económicas de Amigos del País fueron, quizás, las asociaciones más características que surgieron como producto de las corrientes de la Ilustración. Su propósito era fomentar la agricultura, la industria, el comercio, las artes y las ciencias. La primera Sociedad de este tipo que se creó en España fue la Sociedad Vascongada, a iniciativa del conde de Peñaflorida. Poco a poco fueron extendiéndose por todo el país, y en 1774 se crearon las de Baeza y de Cádiz. Al año siguiente se creó la de Sevilla y así sucesivamente fueron apareciendo en la ciudades principales y en los pueblos más pequeños entidades semejantes. En 1788 un grupo de distinguidos malagueños solicitaron permiso al rey para fundar una Sociedad Económica, apoyándose en los "buenos efectos" que habían tenido en otros lugares. Dos años más tarde se aprobaban los estatutos de la Sociedad Económica de Málaga. Andalucía se convirtió en la región española que reunió un mayor número de sociedades de esta clase.

Las corrientes ilustradas se dejaron sentir también en la producción literaria de la segunda mitad de la centuria. Apareció un círculo de escritores sevillanos, formado por Arjona, Blanco White, Reinoso, Alberto Lista y algunos otros, que trataban de rememorar la gloriosa época dorada de la poesía sevillana del siglo de Oro. El abate José Marchena, nacido en Utrera, alcanzó notoriedad, no tanto por sus escritos y sus traducciones, sino por haber abandonado los hábitos y haberse convertido en uno de los principales difusores de la ideología revolucionaria, una vez que se produjo el triunfo de la Revolución Francesa en 1789.

En cuanto a las artes, el siglo XVIII presenta rasgos menos destacados que la época precedente. No obstante, la arquitectura conoció una revitalización importante en la primera mitad de la centuria. De esta época data la construcción de la catedral de Cádiz y el palacio de San Telmo de Sevilla, dos monumentos que reflejan el tránsito entre el barroco y el neoclásico, estilo éste que terminaría por imponerse en la segunda mitad del siglo. De comienzos de siglo es también la fachada de la catedral de Málaga. Pero ni la pintura ni la escultura andaluzas alcanzaron las cotas de brillantez y de esplendor que habían conocido en la época del Barroco.

El triunfo del liberalismo en Andalucía

El liberalismo entró en España por Andalucía. Una serie de circunstancias, algunas inmediatas y otras más remotas, propiciaron que la revolución liberal tuviese su primera eclosión en tierras andaluzas, concretamente en Cádiz. Pero es que además, en la difícil andadura del sistema liberal, con sus avances y sus retrocesos, Andalucía jugó un papel esencial, por cuanto en el transcurso del siglo XIX se convirtió más de una vez en el escenario en el que se desarrollaron una serie de fenómenos y de acontecimientos que estaban llamados a consolidar en España el régimen de la Monarquía constitucional-parlamentaria.

El cambio político fue acompañado así mismo por una serie de transformaciones sociales y económicas que vendrían a la postre a señalar la apertura de una nueva etapa histórica, conocida como la Edad Contemporánea. Con su inicio, y como consecuencia de la Revolución Liberal, terminaba el llamado Antiguo Régimen, que había mantenido durante siglos un sistema político basado en la Monarquía absoluta, una estructura de la sociedad jerarquizada en estamentos y una economía controlada y fiscalizada por la Corona. Andalucía fue protagonista de la crisis del Antiguo Régimen, que abrió paso a unas nuevas formas políticas mediante las cuales se iría produciendo una creciente participación ciudadana, a una sociedad en la que todos los hombres eran considerados iguales ante la ley, y a una liberalización económica que daría lugar a un mayor juego de la iniciativa privada. La reunión de las Cortes en Cádiz (1810-1813) a causa de la situación en la que se hallaba el país como consecuencia de la Guerra de la Independencia, marcó el inicio de este importante proceso.

La Guerra de la Independencia en Andalucía

Los últimos años del siglo XVIII estuvieron marcados por la crisis de la Monarquía de Carlos IV. La incapacidad del monarca y la torpeza de su favorito, Manuel Godoy, llevaron al país a caer en manos de Napoleón

Bonaparte y de su pujante política imperial. La alianza de España con la Francia napoleónica sólo había dado lugar a sonados fracasos, como fue la derrota de la flota conjunta en Trafalgar (1805), a manos de la escuadra inglesa. El descontento de algunos sectores de las clases influyentes y la animosidad del pueblo contra Godoy, provocaron el destronamiento del rey y su sustitución por su hijo Fernando, en el llamado Motín de Aranjuez (1808). Era la primera vez que un motín popular provocaba la caída de un monarca, y eso ya comenzaba a ser un síntoma de que las cosas estaban cambiando en España. Sin embargo, el relevo en el trono no pudo evitar que el ejército napoleónico ocupase la Península con la intención de ponerla bajo el control del Emperador. En efecto, mediante una jugada diplomática maestra, Napoleón se deshizo de Fernando VII y de su padre Carlos IV y colocó en el trono español a su propio hermano José Bonaparte, con el nombre de José I.

Los españoles no aceptaron el cambio y se levantaron unánimemente contra quien consideraban un impostor. Inmediatamente comenzó el enfrentamiento contra el ejército francés que lo sostenía, y el país se mantuvo en permanente estado de guerra hasta 1814, año en que se firmó la paz y Fernando VII volvió para recuperar el trono. Sevilla fue la primera ciudad que secundó el levantamiento de los madrileños el 2 de mayo de 1808. Allí se formó una Junta Suprema de España e Indias, presidida por Francisco Saavedra, antiguo ministro de Carlos IV, con el propósito de asumir la tarea de coordinar la acción contra los franceses en todo el país. Granada creó también su propia Junta a finales de mayo y poco después lo hizo Málaga. El movimiento juntero se convertiría en lo sucesivo en un fenómeno característico de la revuelta en Andalucía. Algunas personalidades que intentaron evitar el levantamiento, fueron asesinadas en un arrebato de ira popular. El conde del Águila murió de esta forma en Sevilla, y la misma suerte corrió en Cádiz el capitán general de Andalucía, Francisco Solano.

El general Dupont, al frente de un importante contingente de tropas napoleónicas, partió con dirección a Andalucía a principios de junio de 1808, con el objeto de dirigirse hacia Cádiz, donde se hallaba fondeada lo que quedaba de la escuadra francesa que había sido derrotada en Trafalgar. En Sierra Morena, Dupont tuvo que enfrentarse a un ejército que reunió la Junta Central y que puso bajo las órdenes del general Castaños. El 19 de julio tuvo lugar la batalla de Bailén, en la que los franceses fueron vencidos por las tropas españolas. La derrota del ejército de Napoleón tuvo una repercusión extraordinaria. Era la primera vez que la *Grande Armée* caía ante el enemigo en campo abierto, y en toda Europa se acogió la noticia con inusitada atención. Como consecuencia de aquel fracaso, el rey José se vio obligado a abandonar Madrid y tuvo que ser el propio Emperador el que acudiese a la Península con tropas veteranas para asegurar su ocupación.

Hasta principios de 1810 no se llevó a cabo la conquista de Andalucía por un ejército napoleónico al mando del general Soult. Sebastiani ocupó Granada y Sevilla capituló el 1 de febrero. En esta ocasión, la resistencia fue escasa y José Bonaparte fue bien recibido en el recorrido que hizo por las principales capitales andaluzas. Solo Cádiz resistió el asedio hasta que terminó la guerra. Durante estos años, Andalucía se sometió a la administración del rey José y únicamente las operaciones que desde Cádiz organizaba la Regencia, que había sustituido a la Junta, con el apoyo de las tropas inglesas, conseguían en ocasiones inquietar a los franceses. No hubo, por el contrario, como en otros lugares de la Península, una guerrilla destacada que hostigase con contundencia a los soldados de Napoleón. Sólo algunas acciones muy aisladas en la serranía de Ronda o en Sierra Morena pueden considerarse como una resistencia de carácter guerrillero.

Durante el reinado de José I hubo algunos andaluces que se destacaron por su actitud favorable a la nueva administración, entre ellos los afrancesados sevillanos José Reinoso y Alberto Lista. En estos años se pusieron en marcha algunas reformas en el terreno social, económico y laboral, pero sin mucho éxito. Quizás las medidas más eficaces fueron aquellas que afectaban a la ordenación urbanística de algunas ciudades y que dieron lugar a la apertura de algunas plazas y jardines.

La guerra terminó en Andalucía a finales de 1812. Después de la batalla de Arapiles en las proximidades de Salamanca, las tropas francesas comenzaron su retirada. La ofensiva inglesa desde Portugal y los requerimientos del frente oriental en Europa, forzaron a Napoleón a sacar tropas de España para emplearlas en Rusia. Poco a poco fueron retirándose los soldados franceses que habían permanecido en Andalucía durante dos años y medio. ¿Qué balance podría hacerse de estos años? Resulta curioso señalar el cambio de actitud que se produjo en la mayor parte de la población entre los primeros momentos del levantamiento contra la ocupación extranjera en 1808 y el caluroso recibimiento que obtuvo dos años más tarde José Bonaparte. Solo razones de conveniencia o de aceptación del poder establecido, pueden explicar esta mudanza. Por otra parte, en cuanto a los costes económicos de la guerra, aunque no se disponen de cifras concretas, debió ser muy elevado, sobre todo por lo que suponía el sostenimiento de las tropas de ocupación, que vivían sobre el terreno.

Las Cortes de Cádiz

La Junta Central, ante el vacío de poder producido por la ausencia del rey, había decidido realizar una convocatoria de las Cortes. En realidad, la convocatoria la efectuó una Regencia que se había nombrado en 1810, una vez que la Junta procedió a disolverse.

¿Por qué Cádiz? En realidad, hay más de una razón para explicar el hecho de que la revolución liberal tuviese su arranque en esta ciudad andaluza. En primer lugar, Cádiz era la única ciudad española que se había visto libre de la ocupación napoleónica. Su condición casi insular, puesto que únicamente podía accederse a ella por el istmo que la unía a la Isla de León, facilitaba su defensa frente a un enemigo que intentase asaltarla por la parte de tierra. Además, sus murallas habían sido reforzadas en el siglo XVIII, de tal manera que resultaban prácticamente inexpugnables, incluso para un ejército tan bien pertrechado como el de Napoleón. Sus defensas por la parte del mar también eran bastante sólidas. Por otra parte, el ejército francés no contaba con una escuadra capaz de completar por el mar el cerco que impuso a la ciudad desde tierra. Y por si fuera poco, su puerto se hallaba protegido por la flota inglesa que durante toda la guerra se mantuvo dispuesta a mantener su comunicación marítima con el resto del mundo.

Pero Cádiz reunía también otras condiciones que propiciaron las reformas que emprendieron las Cortes durante los años en que estuvieron reunidas allí. Desde hacía más de un siglo, Cádiz se había convertido en una ciudad cosmopolita, abierta a toda clase de gentes, acostumbrada a recibir navíos de muy diversa procedencia y a tratar con marinos, mercaderes y viajeros de todo el mundo. El tráfico constante de barcos y de hombres, le había proporcionado a la ciudad y a sus habitantes un talante receptivo, abierto y "liberal". El ambiente que se respiraba en Cádiz era, pues, favorable a las nuevas ideas y a las reformas que iban a ponerse en marcha en las Cortes.

La inauguración de las sesiones de las Cortes tuvo lugar en la Isla de León –hoy San Fernando–, el 24 de septiembre de 1810. Sin embargo, los diputados tuvieron que trasladarse a Cádiz en febrero del año siguiente a causa del avance de las tropas de ocupación. Desde aquel momento hasta su clausura, en septiembre de 1813, las Cortes celebraron sus sesiones en el Oratorio de San Felipe Neri de la ciudad gaditana. Su trabajo fue muy intenso, pues además de aprobar una serie de decretos que estaban destinados a producir una auténtica revolución en el ámbito político social y económico del país, los diputados se vieron obligados a despachar los múltiples asuntos ordinarios relativos a la buena marcha de la guerra.

La medida más significativa que tomaron las Cortes fue la aprobación de la Constitución de 1812. Promulgada el 19 de marzo de ese año, alcanzó tal grado de popularidad que recibió el familiar nombre de "La Pepa". Era, si prescindimos de la que había impuesto Napoleón en Bayona para amparar a la Monarquía de su hermano, la primera Constitución de la larga serie que iría rigiendo la vida política española a lo largo de los doscientos años siguientes. Pero, sin duda, la Constitución nacida en Cádiz es una de las más importantes de todas, ya que a pesar de su escasa vigencia, venía a romper con la estructura política de la Monarquía absoluta, que había estado en funcionamiento en España durante siglos. La Constitución del 12 fue suprimida por Fernando VII en 1814, a su regreso después de la guerra. Se restableció en 1820, con motivo de la Revolución de Riego, y de nuevo fue abolida en 1823. En 1836, durante la Regencia de María Cristina volvió a ponerse en vigor durante unas semanas. Sin embargo, la Constitución gaditana, de tan corta existencia, ha llegado a convertirse en el auténtico símbolo del liberalismo español.

Otro decreto que aprobaron las Cortes y que estaba destinado a repercutir profundamente en Andalucía, fue la llamada Ley de señoríos. Promulgada en 1811, suprimía los señoríos y establecía una única jurisdicción real sobre todos los territorios. Esta medida, que suponía la abolición de ancestrales privilegios de que había disfrutado la nobleza, no encontró mucha resistencia, seguramente porque esta aristocracia no tenía inconveniente en perder los privilegios, siempre que se les asegurase el mantenimiento de sus propiedades. Las disputas y los pleitos que a partir de entonces se iniciaron entre los campesinos y los antiguos señores por la efectiva propiedad de estas tierras, constituiría el origen de muchas revueltas en Andalucía. La libertad de imprenta, la abolición de la Inquisición y la liberalización de la economía, fueron también otras medidas que hicieron aprobar los diputados liberales, no sin antes vencer la resistencia de los absolutistas, opuestos a los cambios. En su conjunto, las Cortes de Cádiz llevaron a cabo una labor inmensa y dieron lugar a la apertura de la crisis del Antiguo Régimen.

En los años siguientes, absolutismo y liberalismo se alternarían durante el reinado de Fernando VII hasta la muerte del monarca en 1833. En este periodo, Andalucía siguió desempeñando un papel importante en la política española ya que fue en el sur de la Península donde se dilucidaron algunos de las cuestiones que dieron lugar a estos vaivenes. En efecto, el triunfo de la Revolución liberal de 1820, encabezada por el comandante Rafael de Riego, se inició en Las Cabezas de San Juan. En esta población andaluza se hallaba acantonado parte del ejército destinado a embarcarse para América con el objeto de sofocar la insurrección de la colonias, y desde allí se inició la marcha que finalmente dio lugar a la proclamación, por segunda vez, de la Constitución de 1812.

En 1823, la intervención francesa de los Cien Mil Hijos de San Luis, que llegó a España con la misión de suprimir de nuevo la Constitución y restaurar la Monarquía Absoluta, provocó la huida hacia Andalucía de las Cortes liberales, que arrastraron consigo al rey, a pesar de que éste se resistió todo lo que pudo. En Sevilla se celebraron varias sesiones de las Cortes y en una de ellas, hubo de declararse la locura de Fernando VII para salvar la resistencia que el rey opuso para marchar a Cádiz con los constitucionales, donde éstos buscaron su último refugio. Finalmente, las tropas francesas del duque de Angulema liberaron al monarca, quien desde Cádiz marchó a Madrid para restablecer al absolutismo.

Durante la última etapa de su reinado, Fernando VII vio cómo volvían a surgir brotes liberales que tenían por escenario la región andaluza. Las intentonas de Valdés, de los hermanos Bazán, o del general Torrijos, partieron de Gibraltar, aunque ninguna de ellas alcanzó el éxito. En Granada fue ejecutada en 1831 Mariana Pineda, que había sido acusada de bordar una bandera con el lema "Ley, Libertad e Igualdad". Sin embargo, el liberalismo no pudo triunfar definitivamente hasta la muerte de Fernando VII.

Isabel II sucedió a su padre, Fernando VII, aunque el hermano de éste, el infante don Carlos, se opuso, puesto que reclamaba su derecho al trono. De esta forma se inició la Guerra Carlista. Andalucía apoyó a Isabel y el conflicto armado se desarrolló fundamentalmente en las tierras del Norte. Durante la minoridad de Isabel, ocupó la regencia su madre María Cristina (1833-1840), y en 1834 se aprobó el Estatuto Real, siendo Primer Ministro el político granadino Francisco Martínez de la Rosa. La promulgación de la Constitución de 1837 poco después, fue un paso importante en la implantación en España del pleno liberalismo. Después de una corta Regencia del General Espartero (1840-1843), se declaró la mayoría de Isabel II, la cual se apoyó durante la mayor parte de su reinado en el partido moderado.

El liberalismo y el problema de la tierra en Andalucía

La Revolución liberal dio lugar a una serie de cambios en la propiedad de la tierra en Andalucía. La supresión del régimen señorial, aprobada en las Cortes de Cádiz y aplicada en 1837, convirtió a los viejos dominios señoriales en propiedades efectivas de los nobles. De esa forma, la antigua aristocracia no sólo no perdió sus grandes posesiones, sino que por el contrario las reforzó en algunos casos al reconocérsele oficialmente sus títulos de propiedad efectiva en los pleitos que plantearon los antiguos vasallos que las ocupaban. La supresión de los mayorazgos, durante el Trienio Constitucional (1820-1823), proporcionó también la oportunidad a los propietarios de disponer de sus tierras sin tener que estar sometidos a la obligación de transmitir todo su patrimonio al primogénito de entre sus hijos.

Desde el punto de vista administrativo, se produjo una reforma importantísima con la creación del sistema provincial a comienzos de la Regencia de María Cristina. Según el proyecto del ministro granadino Javier de Burgos, Andalucía pasaba a estar dividida en ocho provincias, y con ello se reconocía la territorialidad de la región, con los límites que actualmente posee.

Pero lo que verdaderamente produjo una transformación en la propiedad de las tierras en Andalucía fueron las desamortizaciones. Ante la necesidad del Gobierno de disponer de recursos suficientes para acabar con la guerra carlista y para afrontar la Deuda del Estado, el primer ministro Mendizábal decretó en 1835-1836 la desamortización de los bienes eclesiásticos. Juan Alvarez Méndez (Mendizábal) era hijo de una familia de comerciantes gaditanos y su formación como economista le llevó a adoptar esta medida desde el Gobierno para solucionar sus problemas financieros. Mediante una serie de decretos, el Estado se apropiaba de los bienes amortizados o vinculados a las órdenes religiosas y los sacaba a pública subasta. Una vez que estos bienes fuesen comprados por particulares, tendrían ya la condición de bienes libres.

Esta operación no obtuvo los resultados deseados por su promotor, ya que los beneficios económicos para el Estado fueron bastante menores de los previstos. Tampoco dio lugar a una revolución agraria, en el sentido de ofrecer la oportunidad a los campesinos sin tierra de acceder a su adquisición. No hubo cambios en la estructura de la propiedad. Es decir, que los grandes latifundistas, no sólo no se vieron afectados por la medida, sino que aprovecharon la oportunidad para incrementar sus propiedades mediante la compra de las tierras que salieron a subasta.

Años más tarde, durante el reinado de Isabel II, se procedió a llevar otra desamortización importante. En esta ocasión le tocó a los bienes de los ayuntamientos. Su promotor desde el Gobierno fue Pascual de Madoz y el procedimiento utilizado fue similar. El Estado incautó en 1855 los bienes municipales y los vendió en pública subasta. Sólo aquellos que tenían medios económicos pudieron participar en la compra de estos bienes, y se perdió otra ocasión para permitir el acceso a la propiedad a los campesinos sin tierra.

A pesar de los muchos estudios que se han hecho últimamente sobre esta cuestión, no podemos ofrecer datos muy concretos, ni cifras definitivas para toda la región. Parece que en total, las tierras desamortizadas en Andalucía afectaron a la quinta parte de la extensión de todo su territorio, aunque no en todas las provincias había la misma cantidad de tierras en esta situación. Como consecuencia de este cambio en el régimen de la propiedad de la tierra, apareció una burguesía agraria que llegaría a ocupar un papel social destacado en aquella Andalucía del siglo XIX en la que el ser dueño de una finca o de un cortijo proporcionaba un prestigio que no lo daba ninguna otra actividad.

En cuanto al rendimiento de la tierra, no varió mucho con la desamortización. Si hubo un aumento en la producción fue más bien por el aumento en un cinco por ciento, aproximadamente, de la tierra cultivada, no porque se introdujesen nuevas técnicas de cultivo con los nuevos propietarios. La situación de los campesinos no propietarios empeoró, si cabe, con la desamortización. Los nuevos propietarios endurecieron las condiciones a las que estaban sometidos los arrendatarios. Muchos de ellos tuvieron que pasar a trabajar por un jornal, lo cual significaba trabajar por un sueldo de miseria y tener que afrontar las vicisitudes del mercado laboral, con el paro estacional propio de las actividades agrícolas. Este proletariado rural, que atravesó por momentos muy difíciles, se convirtió en uno de los principales protagonistas de los movimientos sociales que afloraron en la segunda mitad de la centuria.

Los ensayos de industrialización

Andalucía conoció durante la primera mitad del siglo XIX un avanzado proceso de industrialización, que resultó ser uno de los primeros de España. Su despegue tuvo lugar en Málaga y fue impulsado por el empresario Manuel Agustín de Heredia. Este creó en Marbella en 1826 una fábrica de hierro con el nombre de La Concepción, con tres altos hornos. En 1833 comenzaba a funcionar en Málaga la ferrería La Constancia, y en 1841, otro prohombre malagueño, Juan Giró, creaba en

Marbella la ferrería El Angel, con tres altos hornos. Estas industrias respondían a la necesidad de fabricar los flejes para las botas en las que se exportaban los vinos malagueños, y supieron aprovechar la paralización que sufrieron las ferrerías del Norte como consecuencia de la Guerra Carlista. Paralelamente al nacimiento de esta industria, Narciso Bonaplata creaba en la población sevillana de El Pedroso una fundición con el nombre de San Antonio y en la propia capital aparecía el taller de fundición Portilla y White.

Estos ensayos, sin embargo no perdurararon más allá de 1865. Al tener que alimentarse los altos hornos de carbón vegetal, a causa de la inexistencia en Andalucía de carbón mineral, se esquilmaron los bosques de Marbella. Cuando ya no era posible encontrar más carbón vegetal, se comenzó a traer carbón mineral de las minas asturianas. Pero el transporte de esta combustible encarecía de tal manera la producción, que ya dejaba de ser competitiva con los otros centros siderúrgicos que comenzaban a aparecer en el Norte. Tampoco prosperaron los intentos que se llevaron a cabo en la provincia de Sevilla.

La industria textil andaluza experimentó una crisis notable en el primer tercio del siglo XIX. Además de la relentización de la producción provocada por la Guerra de la Independencia y de la caída de la demanda como consecuencia de la independencia de las colonias de América, le hizo mucho daño el contrabando procedente de Gibraltar. La colonia inglesa se convirtió después de la guerra napoleónica en una base para la distribución fraudulenta de paños ingleses por toda Andalucía. El contrabando fue la fórmula que utilizó Gran Bretaña para salvar la rígida política proteccionista que se aplicaba en España y que impedía la entrada legal en el país de algodones, linos y lanas procedentes de las fábricas británicas. Este comercio se llevaba a cabo mediante todo un aparato que incluía a los comerciantes gibraltareños, los contrabandistas andaluces y los agentes del resguardo, que aceptaban sobornos por dejar pasar sin dificultad las mercancías. A partir de los años cuarenta, el contrabando de textiles remitió y aumentó, sin embargo el de tabaco.

Coincidiendo con la disminución del contrabando gibraltareño, la industria textil andaluza inició un cierto desarrollo en algunas provincias andaluzas. En Antequera tomó impulso la industria lanera y en Málaga se instalaron varias fábricas de telas de algodón, promovidas por la familia Heredia y la familia Larios, como la Industria Malagueña (1846) y La Aurora (1854).

Otras industrias que hicieron su aparición por estos años fueron la fábrica de La Cartuja en Sevilla para la fabricación de loza, debida a la iniciativa de la familia Pickman, y la Empresa Gaditana de Hilados y Tejidos de Algodón al Vapor. En Cádiz y en Jerez se crearon también pequeñas fundiciones especializadas en trabajos para la Marina y para la atención a la floreciente industria vitivinícola, en pleno proceso de expansión en esta etapa.

La minería andaluza conoció un despegue a partir de los años cuarenta. Los yacimientos de plomo de la sierra de Gador y Almagrera en Almería propiciaron la creación de talleres para el tratamiento de este mineral y la llegada de capitales para invertir en su desarrollo. Por el contrario, los otros yacimientos mineros existentes en Andalucía, como los de Linares y los de la cuenca onubense, no experimentaron gran crecimiento en esta fase, sino que su producción quedo más bien estancada hasta la llegada de capitales ingleses, ya entrada la segunda mitad del siglo.

Íntimamente ligado con el fenómeno de la industrialización, se halla el del desarrollo del ferrocarril. En Andalucía, los primeros ferrocarriles no comenzaron a circular hasta comienzos de la década de 1860. La primera línea que se puso en funcionamiento fue la que unía a Córdoba con Sevilla, en 1859. Dos años más tarde, se inició la comunicación de Jerez con el Puerto de Santa María, y su finalidad era la de acercar la producción vinícola jerezana al puerto desde donde era exportada a otros lugares. De todas formas, hay que señalar la falta de coordinación en la puesta en marcha del proyecto de tendido de ferrocarriles, que primó la comunicación con Madrid en vez de a las líneas transversales, con lo cual se impidió la articulación de Andalucía mediante este medio de transporte.

Esta fue una etapa en la que se llevó a cabo la creación de numerosas entidades financieras, esencialmente bancos y cajas de ahorro, promovidas sobre todo por el capital comercial e industrial.

En general, se entiende que el proceso de industrialización de Andalucía se frustró, por una serie de razones, algunas de las cuales ya se han apuntado. La competencia de las industrias siderúrgicas del Norte, con mayores facilidades para el abastecimiento de combustible, y el contrabando, que ponía al alcance de los andaluces telas más baratas y de mejor calidad, fueron factores decisivos en este proceso. Pero, sobre todo, la escasa capacidad de consumo de los andaluces, hacía que la demanda fuese insuficiente para mantener la mayor parte de estas industrias.

La Andalucía romántica

La población de Andalucía se vio afectada, como el resto de España, por la Guerra de la Independencia. Hubo una pérdida demográfica, no sólo como consecuencia directa de los enfrentamientos con el ejército napoleónico, sino de los efectos catastróficos que tuvieron para el país la paralización de muchas actividades y los trastornos que el conflicto causó en la vida cotidiana. Ahora bien, una vez superado el conflicto, se inició un crecimiento de la población que a pesar de las interrupciones provocadas por algunas epidemias, o por las endémicas crisis de subsistencias, llegó a alcanzar caracteres espectaculares, sobre todo en lo que se refiere a los centros urbanos más importantes.

En Andalucía, la sociedad en su conjunto seguía estando marcada por su carácter agrario. Sin embargo, ya desde comienzos del siglo XIX, los rasgos urbanos se irán acentuando considerablemente, hasta marcar la aparición de un nuevo sistema de valores según los cuales la mejor calidad de vida, el mayor goce de la existencia, y las mayores oportunidades de promoción, se hallan en la ciudad y no en el campo. Esta tendencia, que se había ya apuntado en siglos anteriores, se acentuó en el siglo XIX, con la generalización de algunas comodidades que ofrecía la vida urbana y que no era posible encontrar en el medio agrario. El aumento de la población urbana provocó la expansión de las ciudades y la necesidad de derribar sus murallas para romper el dogal que lo impedía. En Málaga, el proceso se inició en los años veinte con el derribo de la Puerta de Granada. En la ciudad de Granada, sus murallas fueron desapareciendo en la década siguiente y en Sevilla a partir de 1868. Junto con esas transformaciones, se produjeron también algunos cambios en el paisaje urbano de las ciudades, sobre todo con la apertura de nuevos espacios dedicados a jardines, a plazas o a paseos. Muchos de estos espacios procedían de las huertas de antiguos conventos desamortizados, como era el caso de la plaza de Mina en Cádiz, o simplemente del adecentamiento de solares no aprovechados. Hay que destacar en el reinado de Isabel II la inauguración en Sevilla del primer puente de hierro sobre el Guadalquivir, al que se le dio el nombre de la reina. Esta fue también una etapa en la que se procedió al empedrado de muchas calles y a su iluminación mediante farolas de gas.

La primera mitad de siglo XIX fue una etapa en la que se acuñó una imagen de Andalucía que se ha sostenido desde entonces y que no responde del todo a la realidad. Los que en mayor medida contribuyeron a la creación del estereotipo andaluz fueron los viajeros extranjeros. Una vez terminada la guerra napoleónica, comenzaron a llegar a la Península una serie de visitantes procedentes de otros países europeos o de Norteamérica, que venían buscando, unos el exotismo de un paisaje y de unas gentes que representaban algo distinto para ellos, otros la historia y la cultura de un pueblo cuyas raíces había que buscarlas en la más remota antigüedad, y otros, en fin, la aventura en un país que era entonces reputado como ciertamente peligroso. Todos estos extranjeros pasaron por Andalucía y, en general, se sintieron atraídos por su folklore, por la bonanza de su clima y por la personalidad de sus habitantes. Muchos de ellos escribieron sus libros de viaje, que sirvieron para exportar a sus respectivos países una visón de Andalucía llena de colorido y de rasgos pintorescos. Sus impresiones fueron calando de tal manera que la representación de Andalucía llegó a aplicarse a toda España por extensión. De tal manera que ciertos elementos simbólicos de algunas manifestaciones folklóricas de Andalucía, como la pandereta, la guitarra, la mantilla, o determinadas facetas de su acontecer diario, como el bandolerismo, la gracia y la espontaneidad de sus habitantes, llegaron a aplicarse a toda España.

Entre los primeros viajeros que llegaron a Andalucía en la primera mitad del siglo XIX hay que contar al norteamericano Washington Irving, quien al descubrir Granada en 1828, convirtió a esta ciudad en el centro de su producción histórica y narrativa. Después de su *Crónica de la Con-*

quista de Conquista de Granada, en *La Alhambra* (1832) dio a conocer a sus lectores norteamericanos una ciudad llena de reminiscencias orientales y de innumerables atractivos. Su compatriota Alexander S. Mackenzie se vio también arrastrado a visitar las tierras andaluzas de las que dejó constancia en su obra *A year in Spain by a young american* (1831). Por aquellas mismas fechas, llegó a España el aristócrata inglés Richard Ford, quien permaneció en la Península durante tres años con toda su familia. Su libro *Handbook for Travelers in Spain* se convirtió en la guía de viajes más popular sobre nuestro país y sirvió de modelo para otros obras similares que se publicaron después. Pues bien, las páginas que le dedica a Andalucía constituyen la parte más sustanciosa de su libro y sin duda, llevaron de la mano a otros compatriotas suyos a emprender el mismo camino para vivir experiencias similares. Hubo, detrás de ellos, decenas de viajeros que escribieron obras de este tipo y sería imposible aquí hacer alusión a todos ellos.

Pero los que realmente contribuyeron en mayor medida a crear una imagen romántica de Andalucía fueron los franceses Prosper Merimée y Théophile Gautier. Ellos fueron los que exportaron la imagen del andaluz violento ("maestros del cuchillo", decía T. Gautier), del bandolero y del contrabandista, así como del torero y la cigarrera. La *Carmen* de Merimée ha quedado consagrada desde entonces como símbolo de una Andalucía de rompe y rasga, y popularizada en el mundo con la música que creó para ella Bizet.

La imagen romántica de Andalucía ha funcionado como reclamo permanente para turistas que no han dejado de buscar el estereotipo forjado en aquellos años del siglo XIX. A decir verdad, tan bien ha funcionado, que hasta muchos andaluces se han sentido identificados con él y han cultivado su propia imagen de acuerdo con los rasgos trazados por estos escritores extranjeros.

La Revolución y la Restauración

La caída de Isabel II se inició en Andalucía que fue donde estalló la Revolución de 1868, destinada a abrir una etapa de seis años en los que se produjeron continuos cambios en España. La Monarquía de Isabel II se había ganado la oposición de todos los partidos políticos, excepto el moderado, por el apoyo sistemático que la Corona había mostrado a este último. Los moderados, cuya personalidad más destacada había sido precisamente el general andaluz Ramón de Narváez, llamado *El Espadón de Loja*, se habían mantenido mucho tiempo en el poder en virtud de este apoyo. De esta forma, la implicación de la reina en el juego político hizo que cuando el resto de los partidos llevó a cabo un golpe para derribar a los moderados del poder, éstos arrastrarían consigo en su caída a la Corona.

La Gloriosa, como se conoció a aquella Revolución, se inició en Cádiz con el pronunciamiento del almirante Topete el 18 de septiembre de 1868. En su preparación parece que intervino también el propio cuñado de la reina, duque de Montpensier, quien mediante la intriga desde su palacio sevillano, quería dar satisfacción a sus aspiraciones políticas. El ejército sublevado, a cuyo mando estuvieron algunos militares andaluces como el general Serrano, emprendieron la marcha hacia la capital y tuvieron que enfrentarse con las fuerzas leales a la Corona en el puente de Alcolea, en las proximidades de Córdoba. En aquella batalla se dilucidó la suerte de la Monarquía, ya que la victoria de los revolucionarios obligó a Isabel II a marchar al exilio desde San Sebastián, donde se encontraba.

La revolución de 1868 tiene un significado especial, pues, aunque promovida por la burguesía descontenta, contó también con la participación de sectores populares de la sociedad. La miseria que padecían los campesinos andaluces, la presión de los impuestos cada vez más elevados, y el deseo de alcanzar un mayor grado de libertad, fue lo que hizo triunfar la iniciativa de los demócratas, que fue el partido que, a pesar de su carácter minoritario, más se destacó en el desarrollo de estos acontecimientos revolucionarios.

Durante los seis años siguientes se desarrolló en toda España un período de continuas agitaciones y de frecuentes cambios. Después del triunfo de la Revolución, en toda Andalucía se crearon Juntas que trataban de asumir el control del poder a escala local y en las que predominaba la tendencia republicana. En este ambiente de revuelta urbana y campesina, comenzó a surgir una corriente andalucista encabezada por hombres como Francisco María Tubino, que creó el periódico *La Andalucía*, o Machado, padre de los conocidos poetas sevillanos y que adoptó el seudónimo de *Demófilo*. Sin embargo, en Madrid, las Cortes Constituyentes que aprobaron la Constitución de 1869 decidieron implantar en España un nueva Monarquía encabezada por Amadeo I de Saboya. El nuevo rey, que desconocía la compleja situación por la que atravesaba el país y se esforzó por poner de acuerdo a las múltiples tendencias políticas que afloraron con el triunfo de la revolución, no tuvo más remedio que renunciar al trono, tras fracasar en su intento por lograr la estabilidad del sistema.

Después de poco más de tres años, el reinado de don Amadeo dio paso al único sistema político que aún no se había ensayado en España: la República. En febrero de 1873 se proclamó la Primera República, cuya existencia fue también muy efímera. No alcanzó ni siquiera el año de duración y durante los pocos meses que estuvo en vigor conoció hasta cuatro presidentes, dos de los cuales eran andaluces: Nicolás Salmerón, almeriense, y Emilio Castelar, gaditano. El gran problema de la República era que los republicanos estaban divididos. Por una parte estaban los unitarios y por otra los federalistas. En el mes de julio se elaboró un proyecto de Constitución en el que la nación española asumía la forma de una república federal, integrada por diferentes Estados que quedaban especificados en su título I. En él, aparecía Andalucía dividida en dos Estados: Andalucía Alta y Andalucía Baja. Sin embargo este proyecto no llegó a ser aprobado.

En Andalucía, donde el federalismo se había ido afirmando desde las elecciones de 1869, los más extremistas de entre estos últimos consiguieron hacerse con los ayuntamientos y constituyeron comités de salvación pública, proclamando a las ciudades y los pueblos como cantones independientes. Cádiz, Sevilla, Granada, Tarifa, Andújar, y otros muchos, se declararon independientes. Y hasta tal extremo llegó la situación, que no era ya sólo que las capitales de provincia quisieran separarse de Madrid, sino que los pueblos querían separarse de las capitales de provincia. Utrera armó un ejército para luchar contra Sevilla y Jerez se negó a estar sometida ni a Cádiz ni a Sevilla. Ante esta situación, los unionistas con Castelar al frente, no tuvieron otra opción que recurrir al ejército, y el general gaditano Manuel Pavía disolvió las Cortes, acabando así con el sistema republicano.

Como no podía ser de otra forma, dada la secuencia de bandazos de la política española durante el siglo XIX, la caída de la República dio lugar, después de los diversos ensayos llevados a cabo, a la restauración de la Monarquía de los Borbones. El principal responsable de la vuelta de la dinastía fue el abogado y político malagueño Antonio Cánovas del Castillo. Con un sentido muy pragmático de la política y un buen conocimiento de la Historia de España, estaba convencido de que había que construir un sistema que dejase de lado las utopías y el excesivo teorismo. "La política como arte de lo posible" fue la máxima que guió su actuación. Así, el sistema de la Restauración que puso en marcha consistió en la elaboración de un "turno" pacífico entre un partido conservador, encabezado por él mismo, y un partido liberal, encabezado por Práxedes M. Sagasta. Como árbitro del sistema, la Corona, encarnada en el rey Alfonso XII, hijo de Isabel II y bajo la nueva Constitución aprobada en 1876.

Sin embargo, la desmovilización del electorado y la influencia de la oligarquía, contribuyeron a que el funcionamiento del "turno" entre los partidos se llevase a cabo mediante el sistema caciquil. En Andalucía, los caciques tenían un gran control sobre la población, mayoritariamente ignorante y dependiente del poder social y económico de aquellos. Su papel en los mecanismos electorales se convirtió en algo fundamental para el funcionamiento del sistema. La clientela que movilizaba en cada proceso electoral era la que proporcionaba los votos necesarios al partido que, por acuerdo previo, debía formar Gobierno en cada momento. Hubo caciques muy conocidos en Andalucía, como Burgos y Mazo, en Huelva; Rodriguez de la Borbolla y los Ybarra, en Sevilla; los La Chica en Granada, o los Carranza en Cádiz.

De todas formas, el sistema funcionó razonablemente bien durante la primera etapa de la Restauración, al menos desde el punto de vista de la estabilidad política, y los caciques jugaron un papel que no siempre fue negativo, como han puesto de manifiesto recientes estudios sobre la época. Una de las causas por las que fue desgastándose el sistema fue su falta de atención al problema social. Su alejamiento de la realidad en la que vivían las clases más desfavorecidas contribuyó a la expansión del movimiento obrero, el cual buscaba por aquellos momentos unas formas organizativas que les permitiera satisfacer sus reivindicaciones. La AIT (Asociación Internacional de Trabajadores), que había entrado en España durante el Sexenio Democrático, se extendió por Andalucía a través de su corriente anarquista. Los campesinos andaluces, que vivían en la miseria, se entusiasmaron con una corriente ideológica que predicaba la desaparición de la propiedad y que aspiraba a la equiparación real de todos los ciudadanos. El anarquismo consiguió muchos adeptos y fue radicalizando su postura para seguir una vía cada vez más revolucionaria y lanzarse a la violencia social. Los sucesos de "La mano Negra" en Jerez en 1882 fueron una buena muestra de esa conflictividad. La corriente socialista de la I Internacional, no cuajó sin embargo en esta primera fase del movimiento obrero en Andalucía, ya que los trabajadores desconfiaban de la participación en el proceso político, como ésta pretendía.

La crisis de 1898 que tuvo lugar como consecuencia de la Guerra de Cuba, marcaría un punto de inflexión importante en el desarrollo de esta etapa de la Restauración.

Andalucía en el siglo XX

La aceleración progresiva del ritmo histórico en la fase más reciente de nuestro pasado se deja notar también en la Historia de Andalucía, que presenta durante el siglo XX un mayor dinamismo que en las etapas históricas anteriores. La Andalucía de comienzos de la centuria tiene muy poco que ver con la Andalucía de comienzos del nuevo milenio, y ese cambio tan acentuado no se había producido en ningún otro periodo de tiempo similar a lo largo de toda su Historia. En esa transformación, el desarrollo y el progreso de Andalucía no se produjeron sin convulsiones, traumas y dolorosas experiencias, que convierten a este último siglo en una de las etapas más apasionantes para su estudio.

La crisis de la Restauración

La Guerra de Cuba y la derrota de 1898 supusieron un golpe para el sistema de la Restauración, que había venido funcionando en España desde 1874. Al desencadenamiento de la crisis contribuyó también desaparición de los dos dirigentes que habían hecho posible la estabilidad política mediante el turno de los dos partidos. Cánovas fue asesinado en 1897 y Sagasta murió en 1902. A partir de entonces se abrió un proceso mediante el cual, la falta de entendimiento de sus sucesores iría fragmentando cada vez más los partidos del sistema para acabar por caer en una multiplicación de las opciones políticas hasta hacer inviable cualquier gobierno duradero. Si bien en un principio, el recambio político pareció estar asegurado con la emergencia de nuevos dirigentes de gran talla, como fueron Maura en el partido conservador y Canalejas en el liberal, la prematura desaparición de ambos del escenario político, frustró esta posible continuidad del buen funcionamiento político.

En Andalucía, el cambio de siglo presencia una renovación de las clases dirigentes, por puras razones de carácter biológico. Los políticos que habían jugado un papel destacado en las distintas provincias y que habían iniciado su carrera, la mayor parte de ellos durante la última etapa isabelina, fueron desapareciendo para dejar paso a una nueva generación de jóvenes mas profesionales, en el sentido de una mayor dedicación a esta actividad, y más familiarizados con la nueva realidad impuesta por la aplicación del sufragio universal en 1891. Este relevo en las personas no significó un cambio en las familias políticas que dominaban el panorama electoral andaluz a través de extensas clientelas que les aseguraban la solidez de su liderazgo. Los Ybarra en Sevilla, Sánchez Guerra en Córdoba, los Larios en Málaga, eran ejemplos de la permanencia de los grupos oligárquicos andaluces. Además, la progresiva descomposición de los partidos dinásticos, permitió una mayor capacidad de actuación de estos grupos periféricos, que asumieron un papel más importante, si cabe, que el que habían desempeñado durante la primera etapa de la Restauración.

De todas formas, la descomposición del sistema tuvo su reflejo en Andalucía en el aumento de la violencia política. El aumento del fraude electoral, la compra de votos, o la creciente presión para obtener los resultados apetecidos por medio de procedimientos poco ortodoxos, eran muestras del cada vez peor funcionamiento de la maquinaria puesta en marcha por Cánovas. Por otra parte, se advierte una maniobra tendente al mayor dominio del voto rural sobre el voto urbano para tratar de evitar la falta de control que, lógicamente, tenían los caciques sobre este último. Además, comenzaron a aparecer síntomas de la movilización de algunos sectores de la mediana y pequeña burguesía que, como fue el caso de la Unión Comercial de Sevilla, o de otras diferentes corporaciones profesionales, agrarias o urbanas, trataban de actuar al margen del sistema. De esta forma, el régimen de la Restauración fue perdiendo legitimidad y eficacia a medida que fue avanzando el nuevo siglo. A pesar de todo, es necesario señalar que, aunque es frecuente identificar al fenómeno del caciquismo con Andalucía, los procedimientos utilizados para hacer funcionar aquel sistema electoral, se practicaban también, no sólo en el resto de España, sino también en otros países de Europa en los que también había sistemas políticos constitucionales.

Las consecuencias de la Primera Guerra Mundial, en la que España permaneció neutral, se dejaron sentir en el debate político entre los "aliadófilos" y los "germanófilos". En el terreno económico y social, también la Gran Guerra tuvo sus efectos, ya que después de un impulso a las exportaciones, la subida de precios provocaría una perdida del poder adquisitivo que incidió especialmente en las clases trabajadoras. Andalucía sufrió los efectos de esta crisis que se tradujo en un aumento de la conflictividad urbana y campesina. El "trienio bolchevique", como denominó Díaz del Moral al periodo comprendido entre 1918 y 1920, tuvo su centro en Córdoba, con las movilizaciones agrarias que obligaron a declarar el estado de guerra. En Sevilla y en otras provincias hubo huelgas, incendios de cosechas y otros incidentes que fueron reprimidos con dureza. También en el sector de la minería hubo acciones muy violentas por parte de los trabajadores en Río Tinto, en la provincia de Huelva, y también en las explotaciones de las provincias de Jaén, Córdoba y Almería. La creciente conflictividad obrera no era producto más que de la falta de sensibilidad que el régimen de la Restauración seguía mostrando sobre la cuestión social.

El desarrollo del Andalucismo

El movimiento regionalista andaluz tuvo sus orígenes, como el resto de los movimientos regionalistas, en el último tercio del siglo XIX. La razón de su aparición no es otra que la corriente de oposición surgida frente al fuerte centralismo uniformador que había impuesto el sistema liberal. A esto había que unirle las corrientes que habían penetrado con el romanticismo sobre la identidad de los pueblos que basaban su personalidad en la existencia de una historia común, una lengua y una cultura propias, y algunas dosis de federalismo, difundido durante la Primera República. Así como otros movimientos regionalistas consiguieron un sólido arraigo entre la población, el andalucismo adoleció de una notable debilidad desde su nacimiento.

Hay quienes hacen remontar este nacimiento a las revueltas que se produjeron en 1835 y que dieron lugar a la formación de una Juntas, que en Andalucía se organizaron en torno a una Junta Suprema de Andújar. Esta Junta fue nombrada con la misión de representar a la región en las negociaciones con el gobierno central, respaldada por un ejército propio. Sus planteamientos de carácter regional-federal han hecho que algunos vean en estos sucesos el nacimiento de una vaga conciencia andaluza y el precedente de un movimiento que se concretaría más adelante. Las juntas fueron disueltas por Mendizábal sin que la corriente llegara a cuajar. Durante la Primera República se registró de nuevo un movimiento federalista que derivó hacia el cantonalismo, sin que se pueda decir que éste tenga mucho que ver con la corriente andalucista. Hasta los años setenta no volvería a surgir ningún intento serio por definir esa conciencia de identidad regional. Ese intento partió de un grupo de intelectuales, entre los que se encontraba Antonio Machado Núñez y su hijo Antonio Machado Álvarez, "Demófilo", abuelo y padre respectivamente de los poetas Antonio y Manuel Machado. Este grupo se centró en el estudio del folklore y de las raíces culturales de Andalucía. Su labor dio como fruto la creación del Ateneo de Sevilla, fundado por el catedrático catalán Manuel Sales y Ferré; la aparición de las revistas *Folklore Andaluz* y *Folklore Betico-extremeño*; y la publicación de la primera Historia General de Andalucía, obra de Joaquín Guichot.

La I Asamblea del Partido Federal se celebró en 1882 y en ella se aprobó la redacción de unos códigos constitucionales para cada región española. En 1883, el periódico malagueño *El Defensor del Pueblo* pidió la convocatoria de una reunión federal en Antequera para acordar la Constitución de la región andaluza. De esa reunión salió la llamada Constitución de Antequera. En realidad, se trataba de una mezcla de federalismo y regionalismo, que sería la línea mantenida por los grupos intelectuales que intentaban dar un contenido cultural a la corriente andalucista.

En 1898 se produjo la crisis provocada por la guerra colonial y de ahí, como reacción, partió un impulso para el regeneracionismo por una parte, y para los regionalismos periféricos por otra. El regeneracionismo, pretendía modernizar a España mediante la atención a la educación y al desarrollo económico y social, desterrando las lacras que la habían mantenido aferrada a su pasado. Los regionalismos reforzaron su propuesta para sacar a España de su atraso desde la vitalidad de los territorios periféricos. En este sentido, el andalucismo apareció como un movimiento regenerador, puesto que su propósito era redimir primero a Andalucía, para salvar después a España desde sus regiones. Pero ese impulso, que fue protagonizado en Cataluña y en el País Vasco por la burguesía comercial e industrial, no tuvo en Andalucía un apoyo similar. La burguesía andaluza, de composición fundamentalmente agraria, tenía sus intereses muy vinculados al poder central y se desentendió del movimiento andalucista. Eso explica, en buena medida, las escasa fuerza que tuvo en Andalucía el impulso regionalista.

Así pues, la corriente del regeneracionismo junto con las dosis de federalismo procedentes de la Constitución de Antequera contribuyeron a configurar el andalucismo histórico a comienzos del siglo XX. La figura que supo aglutinar estas ideas y que pilotó el movimiento andalucista durante el primer tercio el siglo XX fue Blas Infante. Calificado como Padre de la patria andaluza, Blas Infante había nacido en 1885 en Casares y ejercía de notario en Cantillana. Entró en contacto con el grupo existente en torno al Ateneo de Sevilla y asistió al Primer Congreso Mundial Fisiócrata celebrado en Ronda en 1913, donde se impregnó de las ideas de H. George, que preconizaba la atención a la tierra como base de la economía. En 1915 publicó *El Ideal Andaluz*, en el que exponía los fundamentos ideológicos del movimiento andalucista. Mediante el desarrollo de las potencialidades de los andaluces y fortaleciendo la vida económica con la adecuada distribución de la tierra, se levantaría a Andalucía y con ella a España. Publicó otras obras, entre las que destaca *Motamid, último rey de Sevilla*, con la que quiso poner de manifiesto la vinculación de la personalidad andaluza con su pasado islámico.

Una vez planteado el marco teórico, Blas Infante puso su esfuerzo en la creación de los Centros Andaluces y convocó las asambleas de Ronda y Córdoba. En la primera, celebrada en enero de 1918, se aprobó la bandera de Andalucía, con los colores blanco y verde, y el escudo con el lema: "Andalucía por sí, por España y la Humanidad". En la de Córdoba, celebrada en marzo de 1919, se trataron asuntos de carácter económico, especialmente el relativo a la reforma agraria, y se publicó un Manifiesto en el que se adoptó el termino nacionalista, para definir la corriente andalucista, abandonando el más moderado y ambiguo de regionalista.

Durante la dictadura de Primo de Rivera, Blas Infante permutó su notaría por la de Isla Cristina y se dedicó al ejercicio de su profesión, así como a la lectura y el estudio del pasado andaluz.

La Dictadura de Primo de Rivera

El 12 de septiembre de 1923, el capitán general de Cataluña, Miguel Primo de Rivera, se pronunció y suspendió la Constitución de 1876 para establecer una Dictadura, interrumpiendo así el sistema de la Restauración. A pesar de que se han lanzado hipótesis por parte de algunos historiadores, especialmente extranjeros, sobre la inoportunidad del golpe, cuando precisamente el propio régimen político vigente estaba dando muestras de una mayor democratización, lo cierto es que el sistema de Cánovas se hallaba ya, a aquellas alturas, poco menos que agotado. En todo caso, esa fue la justificación alegada por Primo de Rivera para dar aquel golpe de Estado, que venía de nuevo a significar la ingerencia de los militares en la política española.

Primo de Rivera había nacido en Jerez de la Frontera y procedía de una familia que había dado nombres importantes al ejército. Sin embargo, su formación política era muy limitada. Su figura aparece en ese momento como la del "cirujano de hierro", de la que hablaba Joaquín Costa, cuyo propósito era aplicar el bisturí al país enfermo para eliminar el tumor que lo había sumido en un estado moribundo. Había que desterrar el caciquismo, conseguir la paz social, restablecer la economía y sanear la administración y la política. Primo de Rivera era un regeneracionista con una gran dosis de ingenuidad y una escaso sentido de la realidad, lo que le llevaría a fracasar en su proyecto de reinstaurar el sistema, una vez realizada esta limpieza.

El Manifiesto que emitió el 13 de septiembre fue acogido con expectación, ya que no con entusiasmo, en la mayor parte del país. En Andalucía, el Capitán General, que tenía bajo su mando la Segunda Región Militar, mostró su aceptación del golpe, una vez que se puso de manifiesto que el rey Alfonso XIII estaba dispuesto a seguir reinando bajo las nuevas condiciones. Por otra parte, la opinión pública andaluza no se manifestó en contra del pronunciamiento, y la prensa, en general, no dio muestras de resistencia, ni en las noticias ni en los editoriales que publicó. La actitud de los andaluces se movió entre la indiferencia y la adhesión de los sectores sociales más acomodados, alarmados por el creciente desorden y la falta de autoridad que se habían alcanzado en los últimos tiempos. A los pocos días se produjo la adhesión de las instituciones, organismos y corporaciones de toda Andalucía al Directorio Militar que se formó.

La primera providencia que tomó el gobierno de la Dictadura fue la de sustituir a los gobernadores civiles por militares como delegados gubernativos en todas las provincias, con la misión de remover aquellos cargos públicos que hubiesen dado muestras de corrupción o de comportamiento caciquil. En las distintas provincias andaluzas hubo una considerable remoción de puestos en todos los Ayuntamientos y en las Diputaciones. Se prohibieron las actividades políticas y se extendió un deseo generalizado de acabar con los mecanismos clientelares y con los chanchullos que habían sido tan propios de la Restauración. Sin embargo, la vasta operación no produjo el resultado apetecido. Era muy difícil erradicar completamente la "vieja política" que estaba tan implantada en los comportamientos de la sociedad de la época. Si bien es cierto que los caciques más destacados fueron neutralizados, sus respectivas clientelas siguieron dominando la vida pública local y regional bajo la nueva situación.

En el dominio del orden público, la Dictadura implantó los somatenes. El Somatén era una milicia popular, tradicional en Cataluña, donde había sido creada en la Edad Media para hacer frente a cualquier desorden que surgiese contra la comunidad. El dictador, que se había familiarizado con esta institución cuando ejerció el mando en Cataluña, quiso extenderlo a toda España. Su propósito fue el que esta milicia velase por la tranquilidad ciudadana y actuase frente a cualquier intento de violar el orden. En realidad, el Somatén nunca llegó a alcanzar un razonable grado de eficacia. El número de sus componentes fue siempre insuficiente y su dirección cayó en manos de los apellidos más ilustres de cada provincia.

Con el objeto de proporcionar un contenido político a la Dictadura de Primo de Rivera, se creó la Unión Patriótica. Este partido, que en un principio debía estar integrado por nombres nuevos para evitar cualquier conexión con los vicios del viejo sistema, se fue nutriendo poco a poco de muchos de los políticos que se habían formado durante la Restauración. Ese trasvase se hizo más evidente en Andalucía, donde, además de la alta afiliación al partido único, se registró un travestismo político en, prácticamente, todas las provincias de la región. Cruz Conde en Córdoba, Carranza, Garvey, Blázquez en Cádiz, o Rodríguez Acosta en Granada, son algunos de los apellidos que figuraron entre los directivos de la UP durante los años de su existencia. Sin embargo, aquel partido carecía de contenido y esa fue la principal causa de su fracaso. Su ideólogo más representativo era el gaditano José María Pemán, pero adoleció siempre la falta de una orientación definida y nunca constituyó un apoyo firme para la Dictadura.

Donde la Dictadura mostró una mayor eficacia fue en el terreno de las realizaciones económicas y especialmente, en las obras públicas, impulsadas desde el Ministerio de Fomento por el sevillano conde de Guadalhorce. De todas formas, los llamados "felices años veinte" coincidieron con una etapa de prosperidad en toda Europa, y aquella coyuntura jugó a favor de la actuación primorriverista. En Andalucía, se llevó a cabo una política de mejora de los puertos de Cádiz, Huelva y Sevilla. Se puso en marcha la construcción de las llamadas "casas baratas", con el propósito de facilitar viviendas a los más desfavorecidos. Se prestó atención a la construcción de centros escolares y se emprendieron obras de pavimentación y de mejoras urbanas en casi todas las poblaciones andaluzas. En Cádiz se impulsó la industria naval y en Almería la derivada del mármol. Pero, sin duda, la realización más sobresaliente de la Dictadura en Andalucía fue la celebración de la exposición Iberoamericana de Sevilla en 1929. Aunque la iniciativa había partido de la etapa anterior, la puesta en marcha del proyecto y su materialización, tuvieron lugar durante la Dictadura de Primo de Rivera. En torno al evento, se realizaron obras importantes, como fue la Corta de Tablada en el río Guadalquivir, o la expansión de la ciudad por el Sector Sur. En relación con Iberoamérica, a cuyo acercamiento prestó mucha atención el Dictador, hay que mencionar el vuelo del avión Plus Ultra, mandado por el comandante Ramón Franco, que hizo la travesía entre Palos de la Frontera y Buenos Aires en 1926.

A pesar de las mejoras materiales que se produjeron durante estos años, el creciente descontento de importantes sectores de la sociedad española fue minando la inicial acogida que se le había dispensado al Dictador. Los políticos, porque habían quedado arrinconados; los terratenientes, porque se hablaba de una reforma agraria; los trabajadores, porque no veían mejorar sus condiciones; los universitarios porque se restringió la libertad de cátedra; y hasta los militares, porque no estaban de acuerdo con algunas reformas: todos ellos contribuyeron a provocar la caída de Primo de Rivera. Si a ese creciente descontento, se le añade la crisis económica mundial desencadenada por el "crack" de la Bolsa de Nueva York en 1929, se entenderán perfectamente las causas del fracaso de la Dictadura. Primo de Rivera abandonó el poder el 28 de enero de 1930 y marchó a París, donde moriría a las pocas semanas.

Andalucía y la Segunda República

La caída de la Dictadura abrió un corto periodo de transición, en el cual se realizaron vanos esfuerzos por restablecer la Constitución de 1876 y por volver a poner en marcha el sistema político de la Restauración. El general Dámaso Berenguer, que fue nombrado presidente del Consejo de Ministros por el rey Alfonso XIII, fue el encargado de preparar la vuelta a la normalidad constitucional. Sin embargo, ese propósito era ya imposible. En Andalucía se produjo un incremento considerable de la conflictividad laboral y una intensificación de las huelgas y los desórdenes. La sociedad se dividió entre republicanos y monárquicos y se puso claramente de manifiesto que los años de la Dictadura no sólo no habían servido para sanear el sistema, sino que habían profundizado la crisis. Berenguer fue sustituido por el almirante Aznar, quien convocó unas elecciones municipales para seguir la transición. Las elecciones del 12 de abril de 1931 dieron como resultado la victoria de los candidatos antidinásticos en 41 de las 50 capitales de provincia de toda España. En Andalucía, con la única excepción de Cádiz, las capitales de provincia también votaron a los republicanos. El rey Alfonso XIII, ante lo que consideró un plebiscito contra la Monarquía, optó por abandonar España y dejar el camino libre a la proclamación de la Segunda República.

Al proclamarse la República, Andalucía ofrecía un panorama político muy dividido. En la izquierda, quienes presentaban una mejor organización y una militancia más fuerte eran el Partido Socialista Obrero Español y su sindicato, la Unión General de Trabajadores. Entre los socialistas más destacados, se hallaban el granadino Fernando de los Ríos y la malagueña Victoria Kent, quienes desde sus cargos ministeriales impulsarían importantes reformas en la primera etapa republicana. En cuanto a las fuerzas sindicales, seguía teniendo un gran peso en Andalucía la CNT anarquista. En esa posición en la izquierda podrían también situarse los radicales-socialistas y los azañistas. En el centro se hallaban los republicanos radicales, cuyas figuras más representativa eran el cordobés Alejandro Lerroux y el sevillano Diego Martínez Barrio. También hay que situar en el centro a los republicanos conservadores, con su personalidad más destacada, el también cordobés Niceto Alcalá Zamora. En la derecha, Acción Popular aglutinaba a una serie de tendencias muy diversas, cuyo núcleo principal estaba formado por gente que no creía en la República y que apenas le interesaba la colaboración con el nuevo sistema. Los grupos más radicales, tanto por la izquierda –los comunistas–, como por la derecha –falangistas y carlistas–, tendrían todavía en los momentos iniciales de la República una escasa presencia.

El primer bienio republicano (1931-1933) se caracteriza por las reformas emprendidas por el gobierno republicano-socialista, presidido por Manuel Azaña. Durante esta etapa, Andalucía tuvo un cierto protagonismo como región destinataria de algunas de las medidas más importantes que tomó el nuevo gobierno. La elevada ruralización de Andalucía y los graves problemas que planteaba la desigual distribución de la tierra y la constante protesta campesina, hicieron ver a los nuevos dirigentes políticos la necesidad de emprender reformas en este aspecto. Una de ellas fue la Ley de Términos Municipales, que obligaba a los propietarios a contratar mano de obra entre los trabajadores del propio término, para evitar así la práctica habitual de aquellos de apelar a la contratación en otros pueblos con el objeto de zafarse de la presión o de las huelgas que planteaban los campesinos del lugar. La Ley de Jurados Mixtos de Trabajo Rural, que institucionalizaba la negociación colectiva para resolver los conflictos entre trabajadores y patronos. La Ley de Laboreo

Forzoso, para aprovechar al máximo los recursos agrarios, y otra serie de decretos que pretendían hacer válida "la función social de la tierra". Pero, sobre todo, fue de una gran trascendencia, la Ley de Bases para la Reforma Agraria, de septiembre de 1932. Para la elaboración de esta ley se había formado una junta técnica, de la que formaban parte Pascual Carrión y Flores de Lemus, entre otros, que emitió un dictamen marcando unas pautas para llevar a cabo la reforma agraria. Los debates sobre la cuestión fueron intensos y la polémica trascendió los círculos políticos. Se ponía de manifiesto, junto con la necesidad de emprender una reforma, la dudosa capacidad técnica de quienes estaban llevándola a cabo. Según la Ley aprobada, serían consideradas expropiables las tierras de la nobleza y las incultas o mal cultivadas, las primeras sin indemnización, sin que se definieran con exactitud estos últimos extremos. En cuanto al reparto entre los campesinos, tampoco se acertó con una fórmula que satisficiera a los nuevos beneficiarios, ya que la mayor parte de éstos carecían de los mínimos medios para hacerse cargo de ellas y los intentos colectivistas que se realizaron, tropezaron con la oposición de quienes preferían una explotación individualizada. Estas dificultades, junto con la lentitud con la que tuvieron que llevarse a cabo las expropiaciones, explican el retraso de su aplicación. En los años del bienio reformador se repartieron sólo 22.841 hectáreas que asentaban a 4.411 campesinos. Mucho menos de lo previsto en un principio.

Después del triunfo de las derechas en 1933, la Reforma Agraria continuó con el impulso del ministro de Agricultura, el catedrático de Derecho Canónico de la Universidad de Sevilla, Manuel Jiménez Fernández. Sin embargo, su valiosa actuación fue limitada desde el gobierno y poco pudo hacer para culminar una reforma que había estado mal planteada desde el principio.

La oposición que suscitó el proyecto de reforma agraria entre los grandes propietarios en Andalucía explica en buena parte que el primer intento de golpe contra la República tuviese lugar en Sevilla. El 10 de agosto de 1932 se produjo en Sevilla un intento de golpe de Estado encabezado por el general Sanjurjo, con el apoyo de algunos grandes propietarios, además de altos jefes militares en Cádiz y en Granada y otros elementos conservadores descontentos con la marcha de la República. La

"Sanjurjada" fracasó por falta de apoyo en algunos de los sectores comprometidos y por la acción de muchos ciudadanos que salieron a la calle en defensa de la República. El principal responsable fue apresado en Huelva, cuando se disponía a refugiarse en Portugal y la ira popular que se desató contra la derecha, dio lugar a excesos y atropellos en la mayor parte de las ciudades y pueblos de Andalucía. El gobierno cerró algunos periódicos que habían conspirado contra el régimen, como *ABC* y *El Correo de Andalucía* en Sevilla y *El Ideal* de Granada, y aceleró la aprobación de la reforma agraria.

También la cuestión campesina tuvo su reflejo en la conflictividad que se desató en algunas provincias. La protesta de los trabajadores del campo no cesó durante el bienio reformista. El incidente más grave tuvo lugar en Casas Viejas, un pueblecito de la provincia de Cádiz, donde se había registrado una fuerte implantación del anarcosindicalismo. En enero de 1933 se levantaron los anarquistas de Casas Viejas en una llamada a la huelga general, y un grupo de jornaleros armados con escopetas intentaron asaltar el Cuartel de la Guardia Civil. Con la ayuda de otras fuerzas de los pueblos vecinos, los asaltantes fueron rechazados y algunos se refugiaron en una choza de madera y paja. Al frente de este pequeño grupo se hallaba Francisco Cruz, más conocido por el apodo de Seisdedos, y con él se encerraron varios hombres más, dos mujeres y un niño. Las fuerzas de orden público, que habían sido enviadas con urgencia desde Madrid, rodearon la choza y conminaron a salir a los campesinos. Ante su negativa, los guardias de asalto incendiaron la casa, muriendo todos carbonizados. Hubo además una redada para localizar a otros culpables y fueron fusilados otros catorce campesinos, acusados de haber participado en la revuelta.

El escándalo que aquellos hechos provocaron en el Parlamento y en la calle, fue extraordinario. El Presidente del Consejo de Ministros, Azaña, fue acusado por la derecha de ser el responsable de aquella matanza y los socialistas también cuestionaron su apoyo al gobierno. Sin duda, Casas Viejas y la represión que se llevó a cabo de otras manifestaciones campesinas que se produjeron en, prácticamente, toda Andalucía, fueron decisivas en el giro que dio la República en 1933.

La primera etapa de la República había dado lugar a una serie de reformas como nunca se había conocido antes en España en tan poco tiempo. Sin embargo, los errores también fueron muchos y en las elecciones que se convocaron en 1933, obtuvo la mayoría el partido de la CEDA, que aglutinaba a los sectores conservadores, junto con los Republicanos Radicales. La participación de la mujer en las elecciones por primera vez, junto con la abstención de los anarquistas, parece que influyeron en este resultado. El gobierno de centro derecha que se formó, bajo la presidencia de Alejandro Lerroux no desarrolló durante los dos años de su mandato una política constructiva, sino que más bien se dedicó a deshacer las reformas que se habían realizado en el periodo anterior.

En lo que respecta a Andalucía, en enero de 1933, la Asamblea de Córdoba aprobó un Anteproyecto de Bases para el estatuto de Andalucía, que venía a constituir un intento de sumarse a la reivindicación autonomista que había cristalizado ya en Cataluña con la aprobación del Estatut, en septiembre del año anterior. Sin embargo, carente de un partido que sustentase esta pretensión, el movimiento andalucista se difuminó hasta la primavera de 1936.

La huelga general convocada para el 5 de junio de 1933, que tuvo una considerable respuesta, originó, no obstante, una fuerte represión por parte del gobierno, que encarceló a muchos dirigentes del sindicalismo socialista en Andalucía y cerró muchas Casas del Pueblo. Eso explica en gran medida, que la revolución de Octubre de 1934 no tuviese una importante repercusión en Andalucía. De todas formas, la política de reforzamiento del orden público no pudo detener el deterioro de la situación, de tal manera que la rivalidad creciente entre el gobierno y la oposición llevaría al triunfo del Frente Popular en 1936.

La ruptura de la coalición entre radicales y cedistas llevó a la convocatoria de elecciones en febrero de 1936. Las fuerzas políticas se polarizaron en dos frentes, que ponían ya de manifiesto la clara escisión de la sociedad española. Por una parte se formó el Bloque Nacional, integrado por la CEDA, los agrarios, los tradicionalistas y lo que quedaba de los grupos republicanos conservadores. Por otra, el Frente Popular, agrupación de los partidos y las fuerzas sindicales de izquierda. Las elecciones se celebraron con relativa normalidad en toda Andalucía, excepto en Granada, en donde el Bloque Nacional puso en marcha una serie de mecanismos de todo tipo para obtener la victoria de sus candidatos en la mayor parte de los pueblos de la provincia. Con esa única excepción, en todas las demás provincias andaluzas ganó el Frente Popular y eso desencadenó una euforia que se tradujo en manifestaciones callejeras, en celebraciones, en la liberación de presos y en la toma de cortijos y otras propiedades. Como es lógico suponer, la reacción de la derecha no se hizo esperar. La crispación de la situación movió a la violencia incontrolada por parte la extrema derecha, que tiroteaba las sedes republicanas y hacía llamamientos a la insurrección, y de la extrema izquierda, que quemaba iglesias y se manifestaba en la calle contra los fascistas. El enfrentamiento de las dos Españas desembocaría en la tragedia de la Guerra Civil, y de ella no se libraría Andalucía.

Las dos Andalucías de la Guerra Civil

El 17 de julio de 1936, el Ejército de África se sublevó contra la República en Melilla y al día siguiente se inició al alzamiento en todas las capitales de las provincias andaluzas. Sevilla fue la primera en pronunciarse y la suerte de los sublevados estuvo ligada a la decisión con la que actuó el general Queipo de Llano, que se hallaba en la ciudad en su calidad de Inspector del Cuerpo de Carabineros. Sin embargo, la sublevación contra la República no triunfó en toda Andalucía y ésta quedó dividida en dos a las pocas semanas de haberse iniciado el conflicto. La parte occidental se decantó por el levantamiento, mientras que las provincias orientales se mantuvieron fieles a la República.

Desde los primeros momentos, Sevilla se convirtió en el punto clave para la coordinación y el abastecimiento de los sublevados. Su aeropuerto sirvió de base para la llegada de las primeras tropas de Marruecos que fueron transportadas por aviones alemanes. El primer "puente aéreo" de la historia puso en Sevilla a 12.000 soldados en cerca de 700 vuelos que sobrevolaron el Estrecho. Al mismo tiempo, un convoy de buques de transporte, protegidos por aviones italianos, situó en los puertos andaluces a nuevos contingentes. La flota española atracada en el puerto de Málaga y en su mayor parte, leal a la República, no se atrevió a intervenir ante la presencia amenazante de algunos navíos de guerra alemanes. Estas tropas procedentes del Norte de África, junto con otras unidades del ejército, en las que se integraron falangistas y carlistas, iniciaron la operación de conectar con otras poblaciones en las que había triunfado el levantamiento. Cuando se consolidaron estas posiciones, el mando sublevado a cuya cabeza se encontraba el General Franco, envió columnas hacia el norte con el objeto de dirigirse hacia la capital para tomarla.

Una vez iniciada la guerra, la Andalucía republicana atravesó por una situación diversa. Por una parte en Málaga se produjo un enfrentamiento entre las fuerzas anarquistas de un lado, y los comunistas y socialistas por otro, ya que ninguno de ellos estaba dispuesto a renunciar al control de la situación. Por el contrario, el hecho de que en Almería dominaran claramente los comunistas y en Jaén los socialistas, evitó el conflicto en estas provincias. De todas formas, la característica dominante en la parte oriental de Andalucía fue su resistencia al margen de los planes del gobierno republicano de Madrid, el cual consideraba perdida la región desde los primeros meses de la guerra.

La Andalucía sublevada quedó en la retaguardia bajo el mando del General Queipo de Llano. Este llevó a cabo una intensa labor de propaganda a través de las charlas que emitía por los micrófonos de Radio Sevilla. Su indiscutido liderazgo, le permitió llevar a cabo algunas medidas para mantener en funcionamiento los más elementales servicios de coordinación en el gobierno y de abastecimiento de la población, en las provincias que tenía bajo su mando.

En cuanto a las operaciones militares, la acción más destacada fue la ofensiva de los nacionales sobre Málaga, en la que participaron tropas italianas y que culminó con su toma en febrero de 1937, no sin causar antes grandes pérdidas entre los dos bandos contendientes. Dos meses después tuvo lugar otra operación, esta vez por parte de las fuerzas republicanas en su intento de tomar el santuario de la Virgen de la Cabeza en la provincia de Jaén, asalto que finalmente pudo llevarse a cabo después de una dura resistencia por parte de los defensores. A partir de la primavera de 1937 puede decirse que Andalucía no volvió a ser escenario de ninguna otro episodio bélico importante. Jaén y Almería serían las dos únicas provincias que seguirían fieles a la República hasta el final de la guerra, pero sin que hubiese ningún intento serio de cambiar su situación por parte de las tropas de Franco.

El hecho de que Andalucía fuese una de las regiones españolas que menos daño sufrió como escenario del conflicto armado, no supone en absoluto que las consecuencias catastróficas del drama de la Guerra Civil la dejasen de afectar profundamente. Los odios y los enfrentamientos entre las derechas y las izquierdas, larvados durante mucho tiempo en las poblaciones grandes y pequeñas, estallaron en Andalucía desde el primer momento en que se inició el alzamiento. Las acusaciones, los abusos, las venganzas, la represión y los asesinatos, se produjeron en los dos bandos. Hubo pocas familias andaluzas que no sufrieran la pérdida de alguno de sus miembros como consecuencia de las brutales acciones que desencadenaron unos y otros contendientes. Los sacerdotes, los religiosos, los burgueses y los propietarios fueron las víctimas más frecuentes de la violencia del bando republicano. La represión de los vencedores sobre quienes habían colaborado con la República fue no menos brutal y sistemática, y de acuerdo con los últimos estudios, superior en cifras a la de aquellos. Entre las atrocidades que se cometieron, hay que destacar el fusilamiento del poeta granadino Federico García Lorca y del andalucista Blas Infante, aunque las circunstancias de sus muertes respectivas han estado rodeadas de una cierta confusión.

Se han realizado algunos estudios sobre las víctimas de la guerra y sobre la represión que tuvo lugar cuando finalizó el conflicto, sin embargo es difícil concretar en cifras las pérdidas humanas que originó y sus secuelas. Hay pues que limitarse a dejar constancia de la tragedia que supuso para todos los andaluces la Guerra Civil y de la profunda huella que dejó marcada en su memoria colectiva.

El régimen de Franco

Con la victoria de los nacionales, el 1 de abril de 1939, se abría un nuevo capítulo en la Historia de España y en la Historia de Andalucía, que se extendió hasta la muerte de Franco en 1975. Los años de la posguerra fueron muy difíciles puesto que, aunque Andalucía no se había visto muy castigada por las operaciones militares, los efectos de la convulsión que había sufrido el país y las consecuencias de la situación internacional, se dejaron sentir en la economía de la región y en la forma de vida de los andaluces. Lo años cuarenta fueron los "años del hambre", en los que se impusieron las cartillas de racionamiento y surgió el mercado negro y el estraperlo para beneficio de los especuladores que hicieron grandes negocios a costa del sufrimiento de la población.

La política impuesta por el régimen de Franco descartaba cualquier tipo de autonomía de las regiones españolas, las cuales se vieron sometidas a un rígido centralismo y a un estrecho control por parte de la administración. Los cargos en los ayuntamientos y en las diputaciones volvieron a depositarse en su mayor parte en manos de las viejas familias de la política andaluza, aunque ahora mediatizadas por la adhesión "inquebrantable" al régimen franquista. Las celebraciones religiosas y de exaltación de la nueva situación en la que se hallaba España, llenaron la vida pública de las distintas ciudades andaluzas, que únicamente salían de su letargo cuando se producía la visita del "Caudillo", o con ocasión de alguna gira de las pocas personalidades extranjeras que acudían al país, como fue el caso de Eva Perón, o del rey Abdullah de Jordania. La Iglesia andaluza mostraba por lo general una absoluta sumisión al Régimen, salvo en el caso de Sevilla, en donde el cardenal Segura realizó algunos gestos a favor de la Monarquía que rompieron la unanimidad de la jerarquía en su postura con respecto al poder.

La agricultura se vio afectada en los años de la posguerra por una climatología adversa, una "pertinaz sequía", que sin embargo no tuvo unas consecuencia muy negativas para la economía andaluza, cuyos beneficios fueron importantes a pesar de todo para los grandes propietarios, ya que se aprovecharon de los bajos salarios pagados como consecuencia de la abundancia de mano de obra. Los cultivos más importantes en Andalucía seguían siendo los tradicionales: los cereales y las leguminosas, el olivo, la vid y los frutales. Tenían también una importante presencia los cultivos industriales, como el algodón, el girasol y la remolacha. La acumulación de capital favoreció la progresiva mecanización de la agricultura que daría lugar a un aumento del paro y forzaría la emigración de muchos trabajadores andaluces a otras regiones españolas o al extranjero.

Las inversiones industriales en Andalucía fueron escasas. Incluso el capital generado por la agricultura se marchó en una buena parte fuera de la región, atraído por la más sustanciosa y segura rentabilidad que ofrecían las inversiones en otros lugares. El Instituto Nacional de Industria, creado para fomentar el desarrollo industrial desde el Estado, tuvo en Andalucía una incidencia modesta en comparación con otras regiones. En Sevilla se creó una la industria naval, Elcano, la empresa aeronáutica CASA, y se consolidaron algunas empresas de fabricación de aperos de labranza. En 1947 se produjo en Cádiz una terrible explosión en los depósitos de los astilleros que la Marina tenía en las proximidades del casco urbano. Aquella catástrofe obligó a una remodelación del sector naval gaditano y se creó la empresa estatal Astilleros de Cádiz, S.A. Pero si la atención del Estado fue parca en el desarrollo de una política industrial en Andalucía, tampoco la iniciativa privada dio muestras de querer asumir los riesgos propios de la creación de nuevas empresas industriales, si bien es cierto que las condiciones de infraestructura de la región tampoco propiciaban este tipo de aventuras. Las carreteras presentaban un estado lamentable y continuaba existiendo una incomunicación viaria entre las provincias occidentales y las orientales de Andalucía, lo cual acentuaba los desequilibrios regionales. Solo el 20 por ciento de la población activa andaluza trabajaba en el sector secundario, mientras que en otras regiones españolas, como el país Vasco era del 54 por ciento, y en Cataluña del 47 por ciento.

El creciente paro que se extendía a todas las provincias andaluzas y las escasas perspectivas que ofrecía su economía, dieron lugar al fenómeno de la emigración a partir, sobre todo, de los años cincuenta. Miles de trabajadores andaluces se acogieron a la posibilidad de marchar a otras regiones españolas y a los países de Europa que experimentaban entonces un notable desarrollo económico, en su proceso de recuperación después de la Segunda Guerra Mundial. Esta emigración estaba integrada fundamentalmente por campesinos y supuso una cifra importante que superó los dos millones de personas desde sus inicios hasta 1970. Además de la tragedia humana que suponía la separación de las familias, esta emigración masiva produjo un considerable costo para la productividad andaluza, por cuanto le restaba un importante capital humano en la edad más propicia para el trabajo. Como contrapartida, los salarios obtenidos por estos emigrantes en sus respectivos países de destino, que en una buena parte enviaban a sus familias en Andalucía, contribuyeron a financiar importaciones para el equipamiento industrial.

La eliminación de la conflictividad social como consecuencia de la marcha de la mano de obra excedente y de la política represiva del Régimen, que solo permitió un único sindicato oficial y siempre bajo su férreo control, y el cambio de las circunstancias internacionales, permitieron en España el cambio de una política económica autárquica a una de mayor liberalización. El Plan de Estabilización primero y, los posteriores Planes de Desarrollo puestos en marcha por los llamados tecnócratas del Régimen de Franco, dieron lugar a un considerable impulso a la modernización del país. En Andalucía, la agricultura se vio beneficiada por el aumento de los sistemas de regadío que se pusieron en marcha como consecuencia de la política hidráulica del Régimen. Aumentaron las exportaciones de productos, como el vino, que se vieron beneficiados por la recuperación de las relaciones comerciales con otros países, una vez pasada la etapa de posguerra. Hubo también una creciente mecanización de la agricultura, en parte forzada por el aumento de los salarios de la mano de obra y en parte por la propia iniciativa de los propietarios de la tierra. También la industria experimentó en los años sesenta una cierta expansión como consecuencia de la creación de los Polos de Desarrollo, espacios en los que se ofrecían ventajas fiscales y de otro tipo para el establecimiento de empresas industriales. Huelva y Algeciras fueron beneficiarios de estos Polos, aquella por el hecho de ser una provincia tradicionalmente deprimida, Algeciras para ocupar a la población que trabajaba en Gibraltar y que se quedó sin empleo cuando se cerró la verja en 1967.

El turismo fue, por encima de cualquier otra, la industria más importante que se puso en marcha en Andalucía en los años del desarrollo. La Costa del Sol y la riqueza histórica, artística y sobre todo la bonanza de su clima, fueron ofrecidos a los europeos del norte como atractivos para pasar las vacaciones de verano, o realizar una visita en cualquier época del año. Poco a poco, Andalucía fue convirtiéndose en el balneario de Europa y miles de turistas comenzaron a frecuentar sus costas y sus monumentos, con los beneficios consiguientes para toda la región. Así pues, se puede afirmar que la economía andaluza creció a partir de los años sesenta, pero lo hizo de una forma desarticulada y como resultado de ese crecimiento se produjo una modificación en la distribución de la población activa por sectores, de tal manera que a comienzos de la década de 1970, los trabajadores empleados en el sector servicios superaron el 38 por ciento del total, mientras que los empleados en la agricultura sólo representaban el 33 por ciento, repartiéndose el resto entre la industria y la construcción.

La resistencia política al franquismo en Andalucía durante los años inmediatamente posteriores a la posguerra se centró en los maquis, que eran pequeños grupos armados que se escondían en las sierras y que hostigaban a las fuerzas del orden, pero sin que en ningún momento supusieran un peligro real para la estabilidad del Régimen. El Partido Comunista Español consiguió organizarse en la clandestinidad en algunas ciudades, como Granada y Málaga, no sin grandes esfuerzos a causa de la persecución a la que eran sometidos sus líderes y militantes. Por su parte, el Partido Socialista no consiguió articular una organización sólida hasta los años setenta y sin embargo la UGT logró una cierta implantación más consistente. En los años sesenta, la resistencia al franqusimo se reforzaría con la creación de la Comisiones Obreras (CCOO), cuya I Asamblea en Andalucía tuvo lugar en 1966. Su labor de oposición se realizó desde dentro del Sindicato Vertical creado por el Régimen y su táctica no fue seguida por los sindicatos socialista y anarquista que prefirieron seguir desarrollando su lucha desde del sindicato oficial.

Fueron los movimientos social cristianos (HOAC, JOC) los que ejercieron una labor de formación de dirigentes para la oposición en los años sesenta y así se fueron creando algunos núcleos de jóvenes en la Universidades andaluzas, entre los que cabe citar a Felipe González y Alfonso Guerra, que asumirían posteriormente un claro protagonismo en la política española. Otros, optaron por tratar de revitalizar la conciencia andalucista y plantear la lucha al Régimen mediante la recuperación del ideal de Blas Infante.

Las protestas y las movilizaciones obreras y estudiantiles fueron creciendo a comienzos de la década de los setenta y hubo frecuentes huelgas en las Universidades y en empresas, como las del metal en Sevilla y la de Intelhorce en Málaga. La represión fue muy dura por parte del Gobierno y los dirigentes sindicales andaluces, Francisco Acosta, Eduardo Saborido y Fernando Soto fueron detenidos, abriéndoseles un proceso (El Proceso 2001) que atrajo la atención de la prensa internacional, la cual trataba de presionar para que se iniciase un régimen de libertades en España.

A pesar de que se inició un tímido intento de apertura política, hubo que esperar a la muerte de Franco en 1975 para abrir un verdadero proceso de transición política hacia un régimen democrático pleno.

La cultura andaluza en el siglo XX

En el último tramo del siglo XX, Andalucía alcanzó una población de poco más de siete millones de habitantes, lo cual representa casi un 17,3 por ciento de la población de toda España. Ese peso demográfico no se ha visto refrendado por un similar presencia andaluza en otras esferas de la vida española. Sin embargo, desde el punto de vista cultural, Andalucía ha dado figuras sobresalientes a la Literatura y a las Artes de este siglo recién finalizado.

Entre ese grupo de poetas clasificados bajo la etiqueta de la Generación del 27, se destacan varios andaluces de proyección universal. En primer lugar, el granadino Federico García Lorca (1898-1936). Nacido en Fuente Vaqueros, comenzó a publicar muy pronto sus poemas y desde sus comienzos como escritor mostró ya la enorme vitalidad de su poesía. Los críticos coinciden en la luminosidad de su expresión, en el acento profundamente andaluz de sus escritos y el entusiasmo juvenil de su variada actividad. Con su *Romancero Gitano*, publicado en 1928 alcanzó una popularidad considerable. Viajó a Estados Unidos y su experiencia de aquel mundo caótico, mercantilizado y multiracial, se vería reflejado en su obra *Poeta en Nueva York*. De vuelta a España en 1930 y hasta el comienzo de la Guerra Civil, se dedica fundamentalmente a escribir teatro. *Doña Rosita la soltera* y *La Casa de Bernarda Alba* son quizás sus obras más conocidas en este género. Su muerte en trágicas circunstancias en pleno conflicto fratricida, cortó la trayectoria del escritor más popular, quizás, de toda la literatura andaluza.

Rafael Alberti (1902-1999) nació en el Puerto de Santa María, y su libro de poemas más conocido, *Marinero en tierra*, guarda una relación intima con sus vivencias juveniles en la población gaditana. De una vitalidad extraordinaria, toca con su poesía todos los temas y hace incursiones en el dibujo y en la pintura con unos trazos decididamente surrealistas. Su militancia en el Partido Comunista le obliga a marchar al exilio durante de la Guerra Civil. De su estancia en América son varios poemas nostálgicos y melancólicos. Marchó después a Italia, desde donde regresó a España al iniciarse la transición a la Monarquía Democrática. Tras un fugaz paso por la política española, a título meramente honorífico, se retiró a su Puerto natal hasta su muerte en 1999.

El sevillano Luis Cernuda (1902-1963) comenzó a publicar sus poemas también en 1927 y ha sido calificado como el último poeta romántico. Se sumó al surrealismo como acto de rebeldía contra las convenciones sociales y su rechazo de la sociedad en la que vivía le llevó a marcharse fuera de España y a ejercer como profesor de español en Francia, en Iglaterra después y finalmente en Estados Unidos. *La realidad y el deseo* y *Ocnos* son quizá sus poemas más conocidos. También sevillano fue Vicente Aleixandre (1898-1984), premio Nobel de Literatura en 1977 y autor de obras como *Sombra del paraíso* y *Poemas de la consumación*.

En el terreno de la narrativa, la presencia de autores andaluces de proyección fuera de los límites de la región, ha sido menos sobresaliente. Sin que no haya dejado de haber obras estimables, su mención aquí no tendría mucho sentido, dado el carácter de esta breve Historia. No podemos, por el contrario, omitir una referencia a los dos únicos músicos andaluces que han alcanzado renombre internacional: el gaditano Manuel de Falla (1876-1946) y el sevillano Joaquín Turina (1882-1949). Partiendo de las raíces populares, estos dos compositores legaron a la música culta una serie de composiciones netamente andaluzas. *La vida breve* y *El Amor brujo*, del primero de ellos, constituyen hoy en día piezas musicales del repertorio universal.

En cuanto a las artes plásticas, sobresale entre todos los artistas la figura del malagueño Pablo Ruiz Picasso (1881-1973). Fue un revolucionario de la pintura del siglo XX, y aunque la mayor parte de su carrera artística se desarrolló en Francia, nunca renegó de su condición de andaluz y una buena parte de su obra puede contemplarse en el Museo que con su nombre se ha abierto en su Málaga natal.

La Transición en Andalucía

La muerte de Franco abrió el camino de la transición política hacia una Monarquía Democrática. La forma en la que se llevó a cabo el proceso fue sorprendente para propios y extraños. Cuando no pocos temían que reverdeciesen los odios y los enfrentamientos larvados desde la Guerra Civil, y desde el extranjero se observaba con temor la reacción de los españoles ante la nueva situación política que se creaba en el país, el buen sentido, la generosidad y la madurez del pueblo español junto con la habilidad de un puñado de personalidades, encabezados por el nuevo rey Juan Carlos I de Borbón, consiguieron llevar a cabo una Transición modélica.

En Andalucía, el referendum para la Reforma política que se llevó a cabo en 1976 fue respaldado mayoritariamente por los votantes. Las primeras elecciones democráticas dieron en la región andaluza un mayor número de votos en conjunto a las fuerzas de la izquierda, compuestas por el PSOE, el PCE, en PSP-PA, y otros grupos menores como el PT, ORT, etc. El PSOE fue el más votado en todas las elecciones, excepto en las municipales de 1979, en las que fue el partido de centro de la UCD el que individualmente obtuvo la mayoría. Sin embargo, el pacto de las izquierdas hizo que prácticamente todos los ayuntamientos de las capitales andaluzas fueran ocupados por alcaldes socialistas, excepto los de Sevilla y Córdoba, que fueron encabezados por alcaldes del PSA y del PCE respectivamente. Igual sucedió en la mayoría de los pueblos de las ocho provincias de la región.

Las elecciones de 1977-1979 pusieron claramente de manifiesto que, a diferencia de otras regiones españolas, Andalucía carecía de una fuerza política regionalista con peso suficiente para encabezar su transformación, pero que sin embargo se inclinaba políticamente hacia la izquierda, con un predominio neto del partido socialista. La distribución de las fuerzas políticas en Andalucía sería un anuncio de lo que iba a ocurrir en el parlamento español a partir de las elecciones de 1982, en las que el PSOE obtuvo la mayoría en detrimento del partido de centro de la UCD, el cual inició desde ese momento un proceso de descomposición que le llevaría a su total desaparición del panorama político español. El consiguiente Gobierno nombrado tras aquellas elecciones estuvo encabezado por dos sevillanos –Felipe González como presidente y Alfonso Guerra como vicepresidente–, lo cual ponía claramente de manifiesto la hegemonía que había alcanzado el socialismo andaluz en el panorama político español.

Una de las cuestiones de mayor interés durante la etapa de la Transición al sistema de la Monarquía democrática en Andalucía fue la aprobación del Estatuto de Autonomía. La inexistencia de una conciencia nacionalista suficientemente arraigada, no fue impedimento para que desde que se inició el debate para articular al Estado español en un régimen político autonómico para las regiones y nacionalidades, Andalucía mostrase su deseo de obtener el mayor grado posible de autonomía. Con ese objetivo, se celebró una reunión de los parlamentarios andaluces en la Diputación de Sevilla el 12 de octubre de 1977. En aquella reunión se acordó institucionalizar la Asamblea de Parlamentarios Andaluces y nombrar una comisión para que comenzase a redactar un proyecto para la implantación de un régimen autonómico provisional, hasta tanto no estuviese aprobada la Constitución española que se estaba elaborando en aquellos momentos. La iniciativa fue apoyada por una serie de manifestaciones masivas que tuvieron lugar el 4 de diciembre siguiente.

Como resultado del trabajo de la Comisión, se llegó a la aprobación del Régimen provisional autonómico en abril de 1978 y al nombramiento de un presidente de la Junta de Andalucía preautonómica, cargo que recayó en la persona de Plácido Fernández-Viagas. Bajo su presidencia, la Junta aprobó el llamado Pacto Autonómico de Antequera, el 4 de diciembre de 1978, mediante el cual todas la fuerzas políticas se comprometían a conseguir la mayor autonomía para Andalucía en el marco de la Constitución española, que sería refrendada por todos los españoles sólo dos días después.

Puente del Alamillo, una de las mejoras realizadas para la ciudad de Sevilla con motivo de la EXPO'92. (foto: Javier Pérez Rojas)

Los responsables de la negociación con el Gobierno de Madrid decidieron optar por el camino más rápido para el logro de la autonomía y que era a través del artículo 151 de la Constitución española. Dicho artículo era el que se aplicaba para la concesión de la plena autonomía a las nacionalidades históricas, y requería el refrendo de la iniciativa por mayoría absoluta en todas y cada una de las provincias de la región. El Gobierno de la UCD, encabezado por Adolfo Suárez, en su intento de implantar dos tipos de autonomía en España —las de las nacionalidades históricas y todas las demás—, pretendía que Andalucía siguiese el camino más lento del artículo 141 de la Constitución. De ahí que tratase de torpedear la consulta popular con consignas como las de "Andaluz, éste no es tu referendum". No obstante, la decidida apuesta del nuevo presidente de la Junta, Rafael Escuredo, e incluso de algún miembro andaluz del Gobierno de la UCD, como Manuel Clavero Arévalo, que dimitió de su cargo de ministro, llevaron al triunfo del *si* en todas las provincias, excepto en Almería, el 28 de febrero de 1980. A pesar de este pequeño inconveniente, las negociaciones de la Junta con Madrid permitieron el desbloqueo de la vía rápida hacia la autonomía, y el 20 de octubre del año siguiente quedaba ratificado el Estatuto en un nuevo referendum, después de haber sido aprobado en el Congreso. El llamado Estatuto de Carmona, puesto que en este pueblo sevillano se llevó a cabo su redacción, fue sancionado por el Rey en diciembre de 1981 y dio lugar a unas elecciones autonómicas al año siguiente, cuyo resultado permitió a Rafael Escuredo continuar al frente de la Junta. Desde entonces, con unos resultados más o menos apretados y a pesar de que en el conjunto de España la derecha, con el PP triunfó en las elecciones de 1996, el PSOE ha seguido obteniendo la confianza de la mayoría de los andaluces. Unas veces con el apoyo de la minoría del Partido Andalucista y otras en solitario, Manuel Chaves ha presidido la Junta desde que sucedió a Escuredo en 1986.

La consecución de un régimen político de autonomía, ha significado un cambio histórico para Andalucía. Aunque ha habido alguna crítica sobre el gravoso coste de la duplicación de la administración y sobre las dificultades creadas por el proceso de transferencias de la competencias de los distintos departamentos, el balance de los últimos años no puede ser más positivo. No sólo se ha acercado la administración al ciudadano, sino que los andaluces se han sentido más comprometidos con su propio futuro a través de unas instituciones con las que se sienten más identificados.

El transcurso de esta etapa tan reciente de la Historia de Andalucía ha dado lugar a cambios espectaculares. La Expo del 92 y otros acontecimientos de carácter deportivo, como los campeonatos Mundiales de esquí de Granada, han dado una nueva imagen de Andalucía al mundo. Si bien es cierto que en comparación con otras regiones españolas, todavía siguen existiendo grandes diferencias en cuanto a su desarrollo económico y social, y que continúa habiendo bolsas de pobreza dentro de su territorio, lo cierto es que tanto en lo que se refiere al aprovechamiento de sus recursos, como a la mejora de sus infraestructuras, Andalucía es, en los albores del siglo XXI, una región bastante más cerca del resto de Europa que lo era cuando se inició el siglo XX y con un futuro prometedor.

BIBLIOGRAFÍA ESCOGIDA

ALVAREZ REY, L. y LEMUS LÓPEZ, E. (eds.), *Historia de Andalucía Contemporánea*, Huelva, Publicaciones de la Universidad, 1998.

BLAZQUEZ, J.M., *Tartessos y los orígenes de la colonización fenicia en Occidente*, Salamanca, Universidad, 1975.

CARMONA PORTILLO, A., *Historia de Andalucía*, Málaga, Editorial Sarriá, 1999.

CUENCA TORIBIO, J.M., *Andalucía, historia de un pueblo (...a.C.-1984)*, Madrid, Espasa-Calpe, 1984.

DOMINGUEZ ORTIZ, A. (coord.), *Historia de Andalucía*, Barcelona, Planeta, 1980, 8 vols.

GARCÍA BAQUERO, A., *Andalucía y la Carrera de Indias (1492-1824)*, Sevilla, Editoriales Andaluzas Unidas, 1986.

GONZÁLEZ JIMENEZ, M., *En torno a los orígenes de Andalucía. La repoblación del siglo XIII*, Sevilla, Publicaciones de la Universidad, 1988.

LACOMBA, JUAN A. (Coord.), *Historia de Andalucía*, Málaga, 1996.

LADERO QUESADA, M.A., *Andalucía a fines de la Edad Media*, Cádiz, Servicio de Publicaciones de la Universidad, 1999.

MORALES PADRÓN, F., *Andalucía y América*, Málaga, Arguval, 1992.

MORENO ALONSO, M. *Historia de Andalucía*, Sevilla, Argantonio, 1981.

PADILLA MONJE, A., *La provincia romana de la Bética (Siglos III-V)*, Sevilla, Fondo de Cultura andaluza, 1990.

SERMET, JEAN, *Andalucía como hecho regional*, Granada, Universidad, 1975.

THOUVENOT, R., *Essai sur la Province Romaine de Bétique*, Paris, Boccard, 1973.

VINCENT, B., *Andalucía en la Edad Moderna: economía y sociedad*, Granada, Diputación, 1985.

VV.AA., *Los Andaluces*, Madrid, Istmo, 1980.

SERIE HISTORIA
Títulos:

HISTORIA BREVE DE ANDALUCÍA
Rafael Sánchez Mantero

MEDITERRÁNEO
Fenicia, Grecia y Roma
Pilar Pardo Mata

Ediciones S.L., 2001
c/ Alcalá, nº 202. 28028 Madrid
Tel: 34 913.566.909
www.silexediciones.com
e.mail: silex@infornet.es